KB214824

두 여자 이야기

두 여자 이야기

1판 1쇄 인쇄 2025년 1월 25일
1판 1쇄 발행 2025년 1월 31일

지은이 김서택

발행인 한동인
펴낸곳 (주)씨뿌리는사람

등록번호 제2006-4호
주　　소 경기도 이천시 경충대로 2096-4
　　　　　(서울사무소) T. 741-5181, 4 F. 744-1634

책값은 뒤표지에 있습니다.

ISBN 978-89-90342-69-0

Web www.kclp.co.kr

"천국은 마치 사람이 자기 밭에 갖다 심은 겨자씨 한 알 같으니
이는 모든 씨보다 작은 것이로되 자란 후에는 나물보다 커서 나무가 되매
공중의 새들이 와서 그 가지에 깃들이느니라"(마 13:31-32)

두 여자 이야기

김서택

씨뿌리는 사람

프롤로그

대개 '여자의 생애'라고 하면 무엇인가 고생스럽고 슬픔이 있는 인생으로 우리 마음에 다가옵니다. 여성들은 아름답지만 약합니다. 그리고 여성들은 금방 환경이나 생활의 영향을 받습니다.

룻기는 "두 여자 이야기"입니다. 두 여자의 인생은 슬프고 불행한 인생이었습니다. 그러나 이 두 여인은 하나님께로 돌아가고 하나님의 약속 위에 굳게 섰습니다. 이 두 여인은 자신에게 닥친 불행의 사슬을 끊고 하나님의 축복의 주인공이 되었습니다.

룻기는 제가 언제나 가장 사랑하는 말씀입니다. 이번에 좀 더 구체적이고 생동감이 있는 말씀으로 태어나게 되었습니다. 룻기의 말씀을 들으면서 많은 여성이 눈물을 흘렸고 자신의 아름다운 모습을 찾았다고 고백했습니다. 룻기를 통하여 모든 여성의 마음이 따뜻해지고 행복해지기를 바랍니다.

언제나 저의 부족한 강해집을 책으로 출판하여 보다 많은 목회자와 성도들이 나눌 수 있도록 헌신하시는 '씨뿌리는 사람'의 한동인 사장님께 감사드립니다.

수성교 옆에서

김서택 목사

Contents

01

내리막길 인생
룻 1:1-5

룻기는 아름다운 사랑의 이야기입니다. 룻기는 여성을 위한 성경입니다. 더욱이 하나님을 믿지만, 남편도 죽고 자식도 죽은 절망에 빠진 여성을 위로하는 하나님의 말씀입니다. 그뿐만 아니라 룻기는 남성을 위한 성경이기도 합니다. 즉 이 세상에 많은 남자가 있지만 어떤 남자가 과연 남자다운 남자이며 하나님의 축복을 받는 남자인지, 그리고 어떤 남자가 비겁한 남자이며 별 볼 일 없는 남자인지 실제적인 생생한 예를 통하여 보여주는 말씀입니다.

그래서 룻기는 우리에게 다음과 같은 몇 가지를 보여주고 있습니다. 그 첫째는 어려움을 당한 여인들에 대한 하나님의 사랑입니다. 물론 이 여인들은 하나님의 사랑을 받을 자격이 하나도 없습니다. 오히려 하나님께 미움과 버림을 받아야 마땅한 여인들임에도 불구하고 하나님은 그들을 사랑하셔서 하나님 드라마의 주인공이 되게 하십니다. 또 하나는 과연 믿음이라는 것이 무엇인지를 보여줍니다. 믿음은 단순히 내가 하나님의 존재를 믿고 이스라엘 백성이 되는 것을 말하는지, 아니면 목숨과 때로는 다른 사람의 비웃음과 치욕을 당하면서도 하나님의 약속을 붙드는 것인지를 보여줍니다. 그리고 하나님의 백성은 새로 이스라엘에 들어온 이방인을 어떤 눈으로 보아야 하며 어떤 방법으로 도와야 하는지를 보여주고 있습니다.

우리는 사사기 마지막 부분에서 기브아 사람들이 하나님의 백성이라고 하면서도 그곳에 하룻밤 자러 온 사람에게 엄청난 텃세를 부리면서 신고식을 받는다고 밤에 몰려와서 남자를 끌어내 성폭행하려고 하다가 뜻대로 되지 않으니까 대신 끌려 나온 여자 하나를 욕보이고 죽인 부끄러운 모습을 보여주고 있습니다. 물론 이 세상 어디에 가든지 텃세라는 것이 있습니다. 사실 룻기에도 그런 위험은 상당히 있었습니다. 그러나 한 성숙한 신앙의 사람이, 그곳에 온 이방 여인이 텃세를 당해서 욕보는 일이 없도록 지켜줄 뿐 아니라 끝까지 책임지는 아름다운 모습을 보여주고 있습니다.

등산하는 사람이 에베레스트같이 높은 산에 올라가려면 준비도 많이 하고, 계절이나 바람의 속도 같은 것도 유심히 살펴보아야 합니다. 본인은 상당히 준비했다고 생각하고 산에 올라가도 막상 산에 올라가다 보면 산소도 모자라고 기운도 빠져서 발을 잘못 디뎌 얼음 위에서 미끄러질 때가 있습니다. 그때 다행히 손에 들고 있는 낫 같은 장비로 얼음을 찍어서 매달리면 살 수 있지만 그럴 수 없어서 그냥 미끄러져 내려가면 결국 절벽에 떨어져서 죽게 됩니다. 또 조심해서 올라가다가 갑자기 강한 돌풍이 불어서 몸이 날려가든지 혹은 눈사태가 일어나서 엄청난 양의 눈덩이가 쏟아져 내려오면 그것을 피하지 못해 절벽에서 떨어져 죽는 경우도 있습니다.

이것은 많은 사람의 인생에서도 마찬가지입니다. 어떤 사람이 아버지로부터 회사를 물려받았는데 너무나도 사업이 잘되어서 기업을 더 크게 하려고 사업을 벌리기 시작합니다. 이 아들은 에베레스트 정상을 향하여 잘 올라가고 있었습니다. 그런데 갑자기 생각지도 않은 경제적인 어려움이 생기면서 얼음 위에서 미끄러지면서 추락하다가 나중에는 절벽으로 떨어지고 마는 경우도 있는 것입니다.

1. 잘못된 결정

사람이 별생각 없이 한번 잘못된 결정을 내리고 난 후에는 걷잡을 수 없이 내리막길로 떨어지는 경우가 있습니다.

오늘 본문인 사사기 시대에 베들레헴에 엘리멜렉이라는 사람이 살았습니다. 이 사람은 나오미라는 신앙이 좋은 여자와 결혼하여 말론과 기룐이라는 두 아들을 낳아서 그런대로 잘살고 있었습니다. 아마 이 사람은 농사를 지었던 것 같은데 문제는 그가 사는 베들레헴에 흉년이 들었다는 것입니다. 물론 당장 굶어 죽을 정도로 가난한 것은 아니었지만 평소에 농사에 회의를 가지고 있었는데, 때마침 흉년이 들어서 농사가 안되니까 죽도록 일을 해봐야 남는 것이 별로 없는 농사를 지을 것이 아니라 딴 일을 한번 해 보자는 생각이 들었던 것 같습니다.

1:1-2, "사사들이 치리하던 때에 그 땅에 흉년이 드니라 유다 베들레헴에 한 사람이 그의 아내와 두 아들을 데리고 모압 지방에 가서 거류하였는데 그 사람의 이름은 엘리멜렉이요 그의 아내의 이름은 나오미요 그의 두 아들의 이름은 말론과 기룐이니 유다 베들레헴 에브랏 사람들이더라 그들이 모압 지방에 들어가서 거기 살더니"

우리가 여기서 알 수 있는 것은 유다 땅 베들레헴에 흉년이 들었지만 그곳에 거주하는 대부분 사람은 자기들이 가지고 있는 얼마 되지 않는 곡식으로 연명하면서도 고향을 떠나지 않고 있었다는 사실입니다. 엘리멜렉은 성경에서 전혀 중요한 사람이 아닙니다. 그는 오로지 그의 아내 나오미를 드러내기 위한 엑스트라에 불과합니다. 그런데 엘리멜렉은 자기가 사는 지방에 흉년이 드니까 어떤 결정을 내렸습니다. 그것은 베들레헴에 있는 집과 땅을 다 팔아버리고 다른 나라로 이민하자는 것이었습니다.

이스라엘 백성에게 가나안 땅은 하나님이 주신 약속의 땅입니다. 그래서 그들은 하나님 약속의 땅을 버리고 이민하는 것을 아주 비참하게 생각했습니다. 이스라엘 백성의 조상인 아브라함도 하나님께서 약속의 땅으로 가라고 하셔서 갔지만 막상 가보니까 그 땅에 흉년이 들어서 양들을 먹일 풀조차 없었습니다. 그래서 아브라함은 하나님의 말씀에 실망했던 것 같습니다. 그래서 그는 너무 쉽게 약속의 땅을 버리고 애굽으로 내려갔다가 거기서 바로에게 자기 아내 사라를 빼앗기고 나중에 다시 추방당하는 망신을 당하게 됩니다(창 12:10-20). 그 후로 아브라함이 가졌던 신앙은 굶어 죽으면 죽었지 절대로 약속의 땅을 떠나지 않는다는 것이었습니다.

약속의 땅은 두 가지 역할을 했습니다. 하나는 그곳이 바로 하나님의 말씀이 임하는 무대라는 것입니다. 아마 연극을 하는 배우라면 절대로 무대를 떠나려고 하지 않을 것입니다. 왜냐하면 무대 위에서 모든 일이 다 이루어지기 때문입니다. 그뿐만 아니라 약속의 땅은 이스라엘 백성의 신앙의 바로미터였습니다. 우리가 가끔 공원이나 길가에 가보면 바로미터가 있는데, 거기에 미세먼지와 온도와 습도를 수치로 다 보여줍니다. 이와 마찬가지로 이스라엘 백성이 신앙생활을 잘 못 하면 하늘에서 비가 내리지 않아서 흉년이 들게 됩니다. 반대로 신앙생활을 열심히 하면 하늘에서 틀림없이 이른 비와 늦은 비를 내려서 풍성한 곡식을 거두게 됩니다.

본문에 유다 베들레헴에 흉년이 들었다는 것은 이스라엘 백성의 신앙이 너무 엉터리이니까 굶어 죽을 각오를 하고 다시 한번 열심히 신앙생활을 하라는 하나님의 사인이었던 것입니다. 그러나 엘리멜렉은 그런 해석의 능력이 없었던 것 같습니다. 그래서 기근이 심한 베들레헴 같은 데서 농사만 짓는 것은 인생을 허비하는 것으로 생각해서 흉년이 들었을 때 베들레헴을 아예 떠날 생각을 했던 것입니다. 아마 요즘 우리나라 크리스천 중에서도 교회에 가는 것보다는 비트코인 같은 것으로 성공을 바라고 도전하고 있다가 코로나가 오니까 그것을 기회로 삼아서 교회를 떠난 사람들이 많이 있습니다.

그 당시 베들레헴은 큰 도시도 아니고 잘 사는 사람들이 많이 있는 곳도 아니었습니다. 그래서 엘리멜렉은 그곳은 별 비전이 없다고 생각했던 것 같습니다. 이스라엘 백성이 흉년을 피해서 살 수 있는 곳은 주로 애굽이었습니다. 왜냐하면 애굽은 비와 상관없이 밀 농사가 되는 곳이었기 때문입니다. 애굽은 나일강에서 내려오는 물로 농사를 짓기 때문에 비가 오지 않아도 큰 타격을 입지 않았습니다. 그런데 엘리멜렉은 애굽으로 가지 않고 사해 동쪽에 있는 모압 지방으로 방향을 정해서 거기로 내려갔습니다. 이것을 보면 엘리멜렉은 애굽의 텃세도 무서웠고 거기 가봐야 할 것도 없을 것으로 생각한 것 같습니다. 혹시 엘리멜렉은 모압에 가서 양모 장사를 하고 싶었는지도 모르겠습니다. 모압 지방은 양을 많이 치고 양모 생산이 잘 되는 곳이었기 때문입니다.

하여튼 엘리멜렉은 모압 땅에 가서 장사하고 싶었던 것 같은데 그렇게 하려면 밑천이 필요하니까 집이나 밭을 다 팔아버리고 모압 땅으로 이민했습니다. 그러나 이것은 잘못된 결정이었습니다. 왜냐하면 엘리멜렉은 장사를 해 본 경험도 없었고 모압 땅에 대해서도 잘 알지 못했기 때문입니다. 그리고 더 중요한 사실은 신앙적으로 엘리멜렉은 약속의 땅을 버리고 모압으로 가는 것이 하나님의 뜻인지도 몰랐다는 것입니다.

2. 모압 땅에서 기다리고 있는 것

엘리멜렉이 모압 땅에서 자기가 하고 싶어하던 양모 장사를 해서 성공했는지 아니면 생각만큼 사업이 안 되어서 가지고 간 돈을 다 말아먹었는지는 알 수 없습니다. 그런데 모압 땅에서 엘리멜렉은 얼마 있지 못하고 그만 죽고 말았습니다. 아마 자기가 모압에 가서 죽는다는 것을 알았더라면 절대로 거기에 가지 않았을 것입니다. 그런데 사람은 미래를 알 수 없기 때문에 죽을지도 모르는 곳을 찾아갈 때가 많습니다.

요즘은 길을 가다가 정신적으로 이상한 사람이 뒤로 와서 칼을 찌르는 바람에 죽거나 다치기도 했고, 또 학교 선생님 중에서 학급을 맡았는데 아이나 부모가 너무 사나워서 그들을 감당하지 못해서 자살하는 교사도 있었습니다. 어떤 사람은 길을 걸어가는데 갑자기 차가 인도로 뛰어드는 바람에 차에 받혀서 죽기도 했습니다. 물론 이런 식으로만 따지자면 사람들은 세상이 무서워서 방구석에만 처박혀 있어야 할 것입니다.

그런데 이 세상에서 하나님의 백성에게는 무엇인가 특별한 보호하심이 있습니다. 이것을 성경에서는 하나님께서 성도들을 지켜주신다는 말로 표현합니다. 우리 예수 믿는 사람들이 이 세상을 자신 있게 살아갈 수 있는 것은 하나님이 우리의 매 순간 매 순간을 지켜주시고 있기 때문입니다. 하나님께서는 우리 인생에 대하여 마스터플랜을 가지고 계십니다. 그래서 어떤 때는 가난하기도 하고, 어떤 때는 길이 열리지 않기도 하고, 어떤 때는 환난이 겪을 때도 있는 것입니다. 그런데 나중에 이 모든 연단이 다 지난 후에 하나님께서는 우리를 보석으로 만들기 위해서 학교 시험에도 떨어지게 했고, 가난한 데서 살게 하기도 했고, 직장을 구하지 못해서 기가 죽어 지나게 하기도 했다고 말씀하시는 것입니다. 그래서 우리 인생의 모든 책임은 하나님께 있습니다. 다시 말해서 우리 인생은 우리 것이 아니고 하나님의 플랜에 따라 이루어진 인생인 것입니다.

하나님은 모세에 대해서 플랜을 가지고 계셨습니다. 그래서 아기 때 죽어야 했던 모세는 어머니의 결단으로 나일강에서 건짐을 받았습니다. 결국 모세는 바로 공주의 아들이 되어 청년이 될 때까지 바로의 왕궁에서 보내면서 고등교육을 받았습니다. 그러나 히브리 노예를 도우려고 하다가 이집트의 노예 감독을 죽이고 사십 년 동안 미디안 광야에서 도피 생활을 하게 되었습니다. 그러다가 모세는 드디어 하나님의 손에 붙잡혀서 애굽에 돌아가서 손에 든 지팡이로 열 가지 재앙의 기적을 일으키면서 바로와 애굽을 굴복시키고 이스라엘 백성을 노예에서 건져내었던 것입니다.

물론 나오미의 남편인 엘리멜렉은 신앙이 좋았던 것은 아닌 것 같습니다. 하지만 너무 신앙이 좋은 남편이나 아버지가 돌아가심으로 그의 부인이나 자녀들이 신앙적으로 엄청나게 고생하고 연단 받게 되지만 후에 그들의 신앙이 빛나게 되는 것은 사실입니다. 이것은 엘리멜렉도 마찬가지였습니다. 엘리멜렉은 하나님의 드라마의 주인공이 아니었습니다. 그의 죽음은 하나님의 무대에서 내려오는 것이었습니다. 즉 엘리멜렉은 나오미라는 과부와 룻이라는 모압 여자를 하나님의 무대에 올리는 역할까지만 감당했던 것입니다.

3. 살려고 하는 몸부림

나오미는 남편의 뜻에 순종해서 함께 베들레헴을 떠나 이방 땅 모압으로 내려왔습니다. 그러나 남편은 그곳에서 돈만 다 허비하고 결국 병에 걸려 죽은 것 같습니다. 아마도 나오미는 남편을 살리기 위해서 자기가 할 수 있는 노력을 다했을 것입니다. 그러나 엘리멜렉은 죽었습니다. 그리고 나오미가 할 수 있는 일은 아무것도 없었습니다. 나오미는 아들들을 데리고 베들레헴으로 돌아갈 수도 없었습니다. 왜냐하면 베들레헴에 가봐야 집도 없고 밭도 없고 여전히 흉년이었기 때문입니다.

결국, 나오미가 내린 결정은 남은 두 아들을 모압 여자와 결혼시켜서 살길을 찾아보는 것이었습니다.

> 1:3-4, "나오미의 남편 엘리멜렉이 죽고 나오미와 그의 두 아들이 남았으며 그들은 모압 여자 중에서 그들의 아내를 맞이하였는데 하나의 이름은 오르바요 하나의 이름은 룻이더라 그들이 거기에 거주한 지 십 년쯤에"

나오미에게 그나마 다행이었던 점은 그곳에 같이 갔던 두 아들이 어느 정도 자라서 일도 하고 결혼도 할 수 있었다는 것입니다. 그래서 나오미는 일단 두 아들을 모압 여자와 결혼시키면 반은 모압 사람이기 때문에 모압에서 일거리를 얻기 쉽고 그곳에서 안정될 수 있다고 생각했습니다.

그러나 나오미의 이러한 계획은 좋은 계획이 아니었습니다. 나오미가 모압에 산 지 십 년쯤 되었습니다. 그렇다면 나오미의 두 아들 말론과 기룐은 결혼한 지 오래되지 않았을 때였던 것 같습니다. 아마도 그들은 건강 체질이 아니었던 것 같고, 그때 모압 땅에 무슨 전염병 같은 것이 퍼졌는지도 모르겠습니다. 하여튼 나오미의 두 아들은 결혼 생활을 얼마 하지 못하고 모두 죽고 말았습니다. 나오미는 살려고 모압 땅으로 내려왔는데, 그 가정의 남자란 남자는 다 죽고 과부셋만 남게 되었습니다.

1:5, "말론과 기룐 두 사람이 다 죽고 그 여인은 두 아들과 남편의 뒤에 남았더라"

나오미는 고향도 아닌 이방 땅에서 남편은 일찍 죽어버리고, 두 아들은 결혼까지는 시켜놓았는데 얼마 살지 못하고 죽어버렸던 것입니다. 결국 나오미는 혼자 이방 땅에 살아남게 되었습니다. 이럴 때 사람들은 같이 죽어버릴 때 죽어버렸으면 좋았겠다고 생각하기 쉽습니다. 그러나 나오미는 그렇게 할 수도 없었습니다.

우리나라 작가 중에 몇 년 전에 작고한 박완서 씨가 있습니다. 그는 책 속에서 남편과 아들이 어떻게 죽었는지 말하지는 않습니다. 그러나 남편이 죽고 그다음 해 아들이 죽었습니다. 그는 같이 죽고 싶었지만, 솔직히 죽을 용기가 없었다고 했습니다. 그리고 그 당시는 사는 게 사는 것이 아니었다고 회상합니다. 그 후유증이 얼마나 컸던지 어디를 가고 싶지도 않고 사람을 만나고 싶지도 않았고 아무런 의욕도 가질 수 없었다고 했습니다. 그런데 그녀는 작가로서 꿈을 가지고 자기가 미군 부대에서 일할 때 같이 일했던 화가 박수근 씨를 모티브로 한 작품을 쓰게 되며 그 후유증을 벗어나게 되었는데, 그것이 바로 첫 번째 작품인 《나목》이었습니다.

그런데 나오미는 작가도 아니고 장사할 수 있는 사람도 아니었습니다. 그에게는 똑같이 아무것도 할 수 없는 두 과부 며느리만 곁에 있었습니다. 나오미는 마치 높은 산을 올라가다가 미끄러져서 절벽에 떨어진 사람이 되었습니다. 그는 숨은 붙어 있었지만 자신이 할 수 있는 것이라고는 아무것도 없었습니다. 그는 돈도 집도 땅도 없고, 남편도 아들도 없었습니다. 그런데 나오미가 가지고 있는 것은 딱 하나 있었습니다. 그것은 바로 하나님이었습니다.

나오미와 그의 가족은 하나님을 버리고 베들레헴을 떠났지만, 하나님은 나오미를 버리시지 않았습니다. 그리고 나오미의 마음속에도 하나님은 살아계셨습니다. 이제 이런 비참한 밑바닥 인생에서 과연 나오미는 살아날 수 있을까요? 나오미가 하나님을 믿는 것은 절벽에서 밧줄을 잡는 것과 같았습니다. 하나님은 나오미를 인생 밑바닥에서 끌어 올리셨습니다. 밑바닥 인생에도 하나님은 계십니다. 우리는 어떤 어려움에 빠지더라도 하나님의 밧줄을 든든히 잡고 하나님이 끌어올리실 때까지 끝까지 견디시기를 바랍니다.

02

여인의 결단

룻 1:6-13

한때 우리나라를 발칵 뒤집어 놓았던 사건이 있습니다. 몇 년 전 어느 여성 시나리오 작가가 일거리가 떨어져서 굶고 있었는데, 너무 배가 고프니까 앞집 문에 〈저는 앞집에 사는데요. 너무 배가 고프니까 식은 밥이라도 있으면 좀 주세요〉라고 조그만 쪽지를 하나 붙여놓았다고 합니다. 그러나 그 앞집 사람은 누군가가 장난 치는 줄 알고 그 쪽지를 떼어서 버렸습니다. 그런데 그동안 그 시나리오 작가는 굶어서 죽어버렸다는 것입니다. 너무 안타까운 일이었습니다. 만약 그녀가 자기 자존심을 다 버리고 앞집에 쪽지를 붙여놓는 대신 문을 두드리면서 도움을 구했더라면 어땠을까 하는 생각이 들었습니다. 사람이 살고 죽는데 자존심이라는 것이 어디 있습니까? 창피해도 살고 보는 것이 중요하지요.

누군가 길을 가다가 자신이 가는 길이 잘못된 길이라고 생각되었을 때는 빨리 방향을 바꾸어서 결단 내리는 것이 중요합니다. 특히 큰 배나 비행기를 운전하는 사람이 길을 잘못 들었다고 판단되면 빨리 방향을 바꾸어야 합니다. 잘못하면 그 배나 비행기에 탄 사람들이 다 죽을 수도 있기 때문입니다.

　우리 교회에도 신앙이 좋은 남편이 갑자기 돌아가서 혼자 되신 여성들이 있습니다. 그렇게 남편이 갑자기 돌아가신 것도 기가 막히는데 수입마저 없어지니까 먹고 살길이 막연합니다. 그러나 우리 교인들은 그 위기를 용감하게 헤쳐 나갑니다. 남편이 돌아가고 난 후 실컷 울고 난 후에는 과외를 시작하거나 김밥 장사를 하거나 남편 사업을 이어받기도 해서 가정을 이끌어가는 것입니다. 이것은 정말 위대한 결정입니다.

　나오미라는 여인은 이스라엘 사람 엘리멜렉의 아내였는데, 남편이 길을 잘못 들었습니다. 고향 베들레헴에 흉년이 들자 집과 밭을 다 팔고 그곳을 떠나 모압으로 이민해 갔습니다. 그러던 어느 날 남편이 덜컥 죽었습니다. 아마 병이나 갑작스런 사고로 죽었는지 모르겠습니다. 나오미는 남편이 남긴 것이 있었는지 모르겠지만 두 아들을 키우느라 죽을 둥 살 둥 몸부림치다가 어느 정도 나이가 되니까 아들 둘을 모압 여인과 결혼시켰습니다. 그렇게 이제 한시름 놓은 줄 알았는데, 그 두 아들도 모두 갑자기 죽고 말았습니다. 그래서 나오미 집에는 남자들은 다 죽고 과부인 여인 셋만 살아남게 되었습니다. 아마 보통 사람 같으면 '나는 왜 이렇게 운이 없나?' 라고 애통해하면서 극단적인 선택을 할 가능성도 있을 것입니다.

　그러나 나오미는 신앙을 가진 사람이었습니다. 그는 자신이 운이 없기도 하지만 더 중요한 것은 길을 잘못 들어서 하나님의 복을 잃어버렸다는 생각을 하게 되었다는 것입니다. 나오미의 남편은 길을 잘못 들었습니다. 그는 살 수 없는 죽음의 길을 들어섰고, 망하는 길로 들어섰던 것입니다. 그리고 그는 먼저 죽고 말았던 것입니다.

1. 나오미의 선택

나오미는 도와줄 사람도 없는 이 모압 땅에서 도저히 살 수 없었습니다. 그리고 그에게는 미래를 기대할 수 있는 아들이나 손자도 없었습니다. 그러니 나오미가 선택할 수 있는 길은 모압에서 거지같이 구걸해서 먹고 살든지 아니면 극단적인 선택을 하는 길밖에 없었습니다. 만약 죽은 남편이 죽기 전에 모압에 사놓은 땅이라도 있었다면 거기에 채소를 심어서 길거리에서 팔 수도 있었을 것입니다. 그러나 나오미는 모압 땅에서 살 수 있는 방법이 하나도 없었습니다. 거기에다가 나오미는 자신이 부양해야 할 두 며느리까지 있었습니다. 그렇다고 고향인 베들레헴으로 돌아갈 수도 없었는데, 거기에 가 봐야 집도 없고 밭도 없고 말 그대로 아무것도 없었기 때문입니다. 하지만 나오미는 무한정 모압 땅에 있을 수도 없었습니다.

이때 나오미는 먼 곳에 낙타를 몰고 장사하는 대상들로부터 고향 베들레헴의 소식을 듣게 됩니다. 이상하게도 나오미는 이스라엘의 소식만 들으면 눈물이 나왔습니다. 그것은 그리움의 눈물이기도 했고, 감동의 눈물이기도 했습니다. 그중에서 특별히 나오미는 그렇게 잊지 못하는 고향 베들레헴에 대한 희망적인 소식을 듣게 되었습니다. 그것은 이제 하나님께서 베들레헴을 돌보셔서 비를 주시고 그들이 농사를 짓고 있다는 소식이었습니다.

1:6, "그 여인이 모압 지방에서 여호와께서 자기 백성을 돌보시사 그들에게 양식을 주셨다 함을 듣고 이에 두 며느리와 함께 일어나 모압 지방에서 돌아오려 하여"

우리는 나오미에게서 몇 가지 좋은 점을 발견하게 됩니다.

첫째, 나오미는 남편이 갑자기 죽고 두 아들까지 죽었을 때 이것은 운이 나빠서 그런 것이 아니라고 생각했다는 것입니다. 그들에게 이런 비극이 생긴 것은 자기들이 길을 잘못 들었기 때문이라고 깨달은 것입니다. 만약 우리가 길을 잘못 들었다면 더 늦기 전에 방향을 돌려서 바른길로 가면 얼마든지 살 수 있습니다. 물론 나오미는 먼저 죽은 남편이나 두 아들이 하나님을 믿지 않아서 징벌을 받았다기보다는 생각을 잘못하는 바람에 방향을 잘못 들어서 큰 희생이 생기게 되었다고 이해했던 것입니다. 그래서 나오미에게는 오히려 희망이 있었습니다. 그것은 지금이라도 길을 바꾸기만 하면 얼마든지 살길이 생긴다는 희망이었습니다.

우리는 나의 길이 아닌데 끝까지 그 길로 가려고 할 때가 많습니다. 그렇다고 해서 우리가 신앙이 없는 것도 아니고 하나님을 사랑하지 않는 것도 아닙니다. 그런데 길은 열리지 않고 아무것도 되지 않는다면, 그때 내가 가야 할 길이 무엇인지 곰곰이 생각해 보아야 합니다. 그리고 과감하게 포기할 것은 포기하고 방향을 틀 것은 틀어야 합니다.

그뿐만 아니라 나오미는 고향 베들레헴의 소식에 늘 귀를 기울였다는 것입니다. 나오미는 비록 몸은 모압 땅에 있었지만, 그의 마음은 언제나 베들레헴 고향 땅에 있었습니다. 그러던 어느 날 하나님이 자기 백성을 돌보셔서 그 땅에 비를 주시고 농사를 지을 수 있다는 소식을 듣게 되었습니다. 베들레헴에서 농사를 짓고 양식을 얻을 수 있다는 것은 너무나 기쁜 소식이었습니다. 이것은 바로 하나님께서 나오미에게 돌아오라고 손짓하시는 사인(sign)이었습니다. 즉 교회에 대한 기쁜 소식이나 믿음의 형제들에게 하나님께서 복을 주셨다는 소식은 하나님께서 나를 오라고 부르시는 사인입니다. 그때 우리는 끝까지 고집을 부릴 필요가 없습니다.

우리는 탕자 이야기를 잘 알고 있습니다(눅 15:11-32). 그는 아버지의 유산을 무리하게 받아서 외국에 가서 장사하면 큰돈을 벌 수 있을 줄 알았습니다. 그러나 돈이 생기니까 육체의 정욕을 이기지 못해서 술을 마시고 허랑방탕하게 살았습니다. 결국 알거지가 되었고, 같이 놀던 사람들에게 돈을 좀 빌리려고 해도 만나주는 사람이 아무도 없었습니다. 먹고 살기 위해 겨우 알바 자리를 구했는데 그것은 들판에서 돼지를 돌보는 일이었습니다. 그러나 그 자리는 월급도 없고 식사 제공도 없고 돼지들이 먹는 쥐엄 열매를 먹는 것이 수입의 전부였습니다. 그러나 그것조차도 없어서 굶주리고 있었습니다.

그때 이 탕자는 아버지 집에는 먹을 것이 많이 있는데 자기는 길을 잘못 들어서 이방 땅에서 굶주리고 있고 결국은 이렇게 죽을 수밖에 없구나 하는 생각이 들었습니다. 그리고 자기가 한 행동이 얼마나 교만했고 악했으며 아버지의 마음을 아프게 했을지 생각하게 되었습니다. 이에 이 탕자는 '내가 기왕 이곳에서 종이 되느니 아버지 집에 가서 종이 되자' 라고 결심하게 되었습니다. 이 탕자는 방향을 틀어서 지금 하고 있는 일을 팽개치고 아버지 집으로 떠났습니다. 그런데 그가 먼 거리에 있는데도 아버지는 못난 자기를 기다리고 계셨습니다. 아버지는 완전히 거지가 된 아들을 알아보고 멀리서 달려와 반가이 맞아 주었습니다.

나오미는 모압 땅에 살면서도 하나님 백성의 향기를 잃지 않았습니다. 나오미는 모압의 다른 시어머니나 심지어는 친어머니나 어떤 여성과도 다른 고상함이 있었습니다. 이것은 교회를 잘 다니다가 시험에 빠져서 교회에 다니지 않는 사람들과도 비슷합니다. 교회는 안 다니는 것 같은데 다른 사람들에게 친절하기도 하고 자기희생적이고 무엇인가 고상한 점이 있는 것입니다.

어떤 부인은 중풍에 걸려서 꼼짝하지도 못하는 남편의 수기를 썼습니다. 그 사람은 그 글에서 자신의 종교가 무엇인지 일절 말하지 않았습니다. 그러나 그 글 속에서 그가 크리스천인 것을 금방 알 수 있었습니다. 왜냐하면 그의 글에서는 그리스도의 향기가 나고 있었기 때문입니다. 이것은 화재가 일어난 아파트에서 많은 사람을 구하고 죽은 청년도 마찬가지입니다. 그 청년은 자기는 피하면 얼마든지 살 수 있었지만, 불에 타 죽을 이웃 사람들을 생각해서 깊은 잠에 빠져 있는 새벽에 집집마다 문을 두들기면서 사람들을 대피시킨 후 정작 자기는 연기를 많이 마셔서 죽었던 것입니다. 신문에는 그 청년이 크리스천이라는 말이 한 군데도 없었지만 우리는 그로부터 향기를 맡을 수 있었습니다.

나오미의 두 며느리는 나오미를 보았을 때 모압에서는 볼 수 없는 여인상을 보았던 것입니다. 남편과 두 아들까지 잃어버린 시어머니는 슬퍼할 때도 있었지만 두 며느리에게 늘 미소를 잃지 않았고 항상 친절하고 다정했습니다. 그리고 언제나 하나님을 생각하고 조용히 기도하는 모습을 보여주었습니다. 이런 시어머니는 모압 땅에서는 상상할 수도 없는 모습이었습니다.

우리나라에도 고부간의 갈등이 심한 가정이 많습니다. 특히 아들이 독자여서 어려운 환경에서 잘 교육시켜서 명문대를 졸업하고 결혼하게 되면 어머니는 며느리에게 아들을 뺏겼다고 생각하게 되는 것입니다. 그때 어머니는 며느리를 시기해서 모든 것이 미워지게 됩니다. 그러나 어머니는 아들을 며느리에게 뺏겼다고 생각하지 말고, 이제는 아들이 커서 독립하게 되었다고 생각해야 하는 것입니다. 그러나 나오미는 그런 모습의 시어머니가 아니었습니다. 두 며느리가 보기에 나오미에게는 항상 따뜻함과 미소가 있었고 자기들을 자식같이 사랑하는 감정을 느낄 수 있었습니다. 그래서 두 며느리는 나오미를 친어머니보다 더 사랑했고 나오미와 헤어지는 것을 원치 않았습니다.

드디어 나오미는 기왕 모압 땅에서 죽을 바에는 하나님의 땅에 가서 하나님의 백성과 함께 죽어야겠다고 생각하고는, 모압에서의 모든 것을 버리고 하나님 백성의 땅에 돌아가기로 결단했습니다.

2. 하나님의 백성이 되는 대가

나오미에게는 두 과부 며느리가 있었습니다. 그 과부 며느리는 시어머니 나오미를 통해서 이미 하나님의 백성의 향기를 맡았습니다. 그중에서 특히 룻이라는 며느리는 나오미를 통해서 이 세상에서는 볼 수 없는 새로운 세계를 보았습니다. 그것은 바로 하나님의 나라였습니다.

1:7, "있던 곳에서 나오고 두 며느리도 그와 함께 하여 유다 땅으로 돌아오려고 길을 가다가"

두 며느리는 시어머니 나오미가 너무 좋아서 당연히 시어머니를 따라가야 한다고 생각했습니다. 그들은 아직 이스라엘을 가본 적이 없었으므로 이스라엘 사람들은 모두 시어머니처럼 친절하고 신앙심이 깊고 사랑이 많은 줄로 생각했을 것입니다. 그래서 아마 두 며느리는 자기들이 이스라엘로 가기만 하면 멋지게 생긴 남자들을 만나서 다시 결혼하고 행복하게 살 수 있을 것으로 착각하고 있었을 것입니다. 그러나 나오미는 모압 여자인 두 며느리가 이스라엘 땅으로 돌아가면 그들이 얼마나 멸시당하며 가난하게 살아야 하는지 잘 알고 있었습니다.

그래서 나오미는 아무 생각도 없이 자기를 따라서 이스라엘로 가려고 하는 두 며느리에게 이스라엘 백성이 되는 것은 엄청난 대가를 지불해야 한다는 것을 가르쳐 주었습니다. 그러므로 그들에게 차라리 고생문이 훤한 자기를 따라오지 말고 모압에 남아서 행복하게 살라고 권면했습니다.

1:8-10, "나오미가 두 며느리에게 이르되 너희는 각기 너희 어머니의 집으로 돌아가라 너희가 죽은 자들과 나를 선대한 것 같이 여호와께서 너희를 선대하시기를 원하며 여호와께서 너희에게 허락하사 각기 남편의 집에서 위로를 받게 하시기를 원하노라 하고 그들에게 입 맞추매 그들이 소리를 높여 울며 나오미에게 이르되 아니니이다 우리는 어머니와 함께 어머니의 백성에게로 돌아가겠나이다 하는지라"

우리는 기독교인이 되고 하나님의 백성이 되는 것을 아주 쉬운 일로 생각하기 쉽습니다. 한때 우리나라에 전도의 열풍이 일어났을 때, 사람들에게 쉬운 복음을 전하면서 몇 가지 간단한 원리를 제시하고 거기에 동의하면 '당신은 이제 하나님의 백성이 되었습니다. 당신은 이제 구원을 받았습니다' 라고 말하라고 가르쳤습니다. 그렇게 믿으면 거의 모든 기독교인은 이 세상에서도 복을 받고 천국까지 가려고 했습니다. 즉 두 가지를 모두 다 가지는 것이 복 받은 것이라고 생각했습니다. 이것은 지금도 큰 변화는 없습니다. 목회자는 할 수 있는 한 큰 예배당을 지어서 많은 교인이 있는 큰 교회의 목사가 되어야 성공한 것이고, 또 교인들은 세상에서 성공하고 교회에서 장로가 되는 것이 진짜 크리스천이라고 생각한다는 것입니다.

그러나 예수님은 그렇게 말씀하시지 않았습니다. 누구든지 예수를 따르려고 하면 날마다 자기를 부인하고 자기 십자가를 지고 주님을 따라야 한다고 하셨습니다(마 16:24). 즉 누구든지 주님을 따라가려고 하면 자기 생각이나 자기주장이 있어서는 안 되고, 날마다 십자가에 못 박혀 죽을 각오를 해야 합니다. 주님을 따르려면 때로는 가족을 잃기도 하고 직장을 잃기도 하고 감옥에 들어가기도 해야 하는 것입니다. 또 내 몸에 병이 있을 수도 있고, 자녀에게 뇌성마비나 자폐증이 있을 수도 있고, 남편이 무능해서 생활비를 벌지 못할 수도 있고, 시어른이나 친정어른에게 치매가 와서 부양해야 하는 경우도 있는 것입니다. 주님이 다시 오실 때 우리에게 우울증이라도 있고 암으로 수술한 적도 있고 쓸개도 떼 낸 적이 있어야 주님께 달려갈 수 있지, 아무 어려움이 없이 세상적으로 잘 살았다고 한다면 무슨 염치로 주님께 달려갈 수 있겠습니까?

우리가 잘 아는 《천로역정》의 작가 존 번연도 이런 고통과 어려움을 겪었습니다. 그는 국교도 목사도 아닌데 설교했다고 해서 무려 12년 동안 감옥에 갇히기도 했습니다. 그의 첫 번째 아내가 낳은 큰딸은 시각장애인이었습니다. 그리고 첫 번째 아내가 죽고 두 번째 아내를 맞이했는데, 그 아내는 너무 가난해서 청교도 책 두 권만 가지고 시집을 왔다고 합니다. 존 번연은 공부도 많이 하지 못했습니다. 그의 직업은 땜장이었습니다. 그는 앞을 보지 못하는 자기 큰딸을 늘 불쌍히 여겼다고 합니다. 그러나 그는 감옥에 갇혀서 성경을 많이 읽고 묵상해서 《천로역정》이라는 명작을 쓸 수 있었습니다. 우리는 존 번연이 그 유명한 《천로역정》을 쓴 것은 부러워하지만, 어느 누구도 그와 같이 12년이나 감옥에 있고 싶지는 않을 것입니다. 하지만 아무리 존 번연이라도 12년의 감옥 생활에 없었더라면 그런 위대한 작품은 나오지 않았을 것입니다.

우리는 남들이 가지 않는 좁은 문을 찾아야 합니다. 그러나 이 좁은 문은 작고 녹슬어있고 가시덤불에 덮여 있어서 잘 찾을 수 없습니다. 그리고 이 문은 너무 좁아서 겉옷을 입고 통과할 수 없고 짐을 가지고도 통과할 수 없습니다. 설사 많은 고생 끝에 이 문을 찾았다 하더라도 연결되는 길 자체가 너무 협소해서 몸을 길에 붙여서 몸을 밀고 가야 하기도 하고, 몸이 바위에 긁히기도 하고, 어떤 때는 튀어나온 바위에 머리가 부딪쳐서 피가 나기도 하는 것입니다.

우리가 잘 아는 슈바이처 박사는 자신이 좁은 길을 가야 한다고 생각해서 교수직과 파이프오르간까지 포기하고 다시 의대에 입학해서 의사가 되어 아프리카 랑바레네에 가서 양계장을 고쳐서 병원을 만들어 의사로서 봉사하게 됩니다. 슈바이처 박사는 바하 음악의 최고 연주자로 알려져 있었습니다. 그리고 그는 일차대전 때 독일과 프랑스가 전쟁하는 바람에 독일 스파이로 몰려서 수용소에 갇혀서 많은 고생을 하기도 했습니다. 그러나 후에 그가 쓴 《물과 원시림 사이에서》라는 책은 베스트셀러가 되고 노벨 평화상까지 받게 됩니다.

3. 모압 여인에 대한 생각

나오미와 두 며느리가 가야 할 길은 사람들이 잘 다니지도 않고 뜨겁고 건조하고 강도들이 자주 나오는 아주 위험한 길이었습니다. 거기에는 방울뱀이 나오고 전갈이 있고 사자가 나오는 곳이었습니다. 그리고 밤이 되면 전혀 잘 곳이 없었습니다. 만약 길을 가다가 발을 잘못 디디면 절벽에서 떨어져 죽게 됩니다. 그리고 낮에는 정말 숨을 쉴 수 없을 정도로 뜨거운 곳을 지나야 했고, 물을 구할 수 없는 곳도 많았습니다. 만약 강도가 나오든지 인신매매범이 나타나면 여자들은 힘이 없으므로 꼼짝없이 가진 것 다 빼앗기고 잡혀갈 수도 있었습니다.

설사 그들이 그곳을 통과한다 하더라도 이스라엘에는 이방 여인인 며느리들에게는 더 큰 어려움이 기다리고 있었습니다. 그들은 남편의 고향에 가도 기댈 것이 아무것도 없었습니다. 시아버지가 모든 것을 다 처분하고 오는 바람에 집도 없고 밭도 없고 잘 곳도 없었습니다.

뿐만 아니라 두 며느리에게는 더 큰 어려움이 기다리고 있었습니다.

우선 그들은 이스라엘 백성이 가장 미워하는 모압 여자라는 것이었습니다. 이스라엘 백성이 광야 40년 동안 연단 받고 모압 광야를 지나갈 때 모압 여인들은 발람의 지시로 이스라엘 백성을 타락시키기 위해서 길가에 우상과 우상의 제물을 펼쳐놓고 그들을 유혹했습니다. 그래서 이스라엘 백성은 한순간에 타락해서 이만사천 명이 전염병에 걸려서 죽었습니다. 그러므로 이스라엘 백성은 모압 여자라고 하면 치를 떨었고 그들을 모두 창녀같이 생각했고 죽일 정도로 미워했던 것입니다.

거기에다가 이스라엘에서는 과부의 재혼이 아주 어려웠습니다. 이스라엘 여자들이 과부가 되면 이때에는 남편의 동생과만 재혼이 가능했습니다. 그래서 나오미의 두 과부 며느리는 모압에서와 같이 마음이 드는 남자가 있다고 해서 마음대로 재혼할 수 있는 형편이 아니었습니다. 결국 나오미의 두 며느리가 정식 결혼을 하려고 하면 늙은 나오미가 또 결혼해서 죽은 남편의 동생들을 낳아야 하는데, 나오미는 결혼할 나이도 지났고 또 설사 결혼해서 아기를 낳는다고 해도 언제 그 아줌마들이 아기가 자랄 때까지 기다려서 결혼을 하겠습니까? 그러니까 이 두 며느리는 이스라엘에 가도 재혼해서 행복하게 살 비전이나 희망이 없었습니다.

1:11-13, "나오미가 이르되 내 딸들아 돌아가라 너희가 어찌 나와 함께 가려느냐 내 태중에 너희의 남편 될 아들들이 아직 있느냐 내 딸들아 되돌아 가라 나는 늙었으니 남편을 두지 못할지라 가령 내가 소망이 있다고 말한다든지 오늘 밤에 남편을 두어 아들들을 낳는다 하더라도 너희가 어찌 그들이 자라기를 기다리겠으며 어찌 남편 없이 지내겠다고 결심하겠느냐 내 딸들아 그렇지 아니하니라 여호와의 손이 나를 치셨으므로 나는 너희로 말미암아 더욱 마음이 아프도다 하매"

이러니 두 며느리는 이스라엘에서 행복할 수 있는 가능성이 전혀 없었습니다. 왜냐하면 적어도 나오미가 알기로는 이스라엘에서 재혼은 죽은 남편의 동생하고만 할 수 있었는데, 나오미에게는 죽은 아들 외에는 다른 아들이 없었기 때문입니다. 나오미의 뱃속에는 아들도 없고, 나오미가 자기 남편 동생과 재혼해서 아이를 낳는다 하더라도 그 아기가 자랄 때까지 어떻게 기다리겠느냐는 것입니다. 그들이 바라볼 수 있는 해결책은 오직 하나님밖에 없었습니다. 그러나 하나님은 그들을 행복하게 하실 수 있었습니다. 하나님에게는 언제나 '홈런 한 방'이 준비되어 있습니다. 하나님은 그들에게 인간이 생각할 수 없는 축복을 주실 수 있는 분이었습니다.

03

여인이 붙잡은 것

롯 1:15-18

옛날에는 고등학교 야구 시합에 패자부활전이라는 제도가 있었습니다. 패자부활전은 한번 졌지만 진 팀끼리 또 경기해서 마지막까지 이기면, 처음부터 모든 경기를 이긴 팀과 다시 한번 시합해서 이기게 되면 진짜 우승하게 되는 제도입니다.

그런데 인생에도 패자부활로 실패한 자리에서 일어나는 사람들이 많이 있습니다. 어떤 사람은 사업에서 실패했지만 다시 도전해서 성공하는 사람도 있고, 또 결혼을 잘못해서 이혼했지만 다시 좋은 남자와 재혼해서 행복하게 사는 사람도 여러 번 보았습니다. 우리 교회 교인 누나 한 분은 결혼을 잘못해서 고생을 많이 했는데 아마도 남편이 알코올 중독이었는지 잘 기억나지 않습니다. 하여튼 그 누나는 이혼을 하고 늘 친정집에 와서 있었는데 재혼하게 되었습니다. 그런데 재혼한 그 남편은 정말 좋은 사람이었고 특히 신앙이 좋은 사람이었습니다. 그 누나는 지금 너무 행복하게 살고 있다고 합니다. 또 우리 교회의 어떤 여집사님도 음악을 하셨는데 남편이 돌아가신 후 자녀들이 클 때까지 레슨을 하면서 기다리시다가 자녀들이 모두 결혼한 후에 신앙이 좋은 남편과 재혼했는데, 정말 그 부부는 신앙생활도 잘하고 서로 사랑도 많이 하고 너무너무 행복하게 사시는 모습을 볼 수 있습니다. 이런 것을 보면 인생도 얼마든지 패자부활전으로 자신의 행복을 되찾을 수 있다는 생각을 하게 됩니다.

얼마 전에 어느 신학대학원에서 저에게 개강예배 부흥회 설교를 해 달라고 부탁했습니다. 그런데 그 부탁을 하신 교목실장이 서울공대 섬유과 제 3년 후배였습니다. 그분은 서울공대에서 박사 학위 받고 다른 대학에서 교수까지 하다가 신학을 해서 신학으로 박사 학위를 받았습니다. 그런데 다른 과 후배가 부탁했으면 저의 시간 때문에 어림도 없었는데, 같은 과 후배가 부탁하니까 제가 도저히 거절할 수 없었습니다. 그래서 저는 도저히 갈 수 없는 시간인데도 시간을 내서 부흥회 설교를 인도했습니다. 그 전에 우리나라에 돌아가신 VIP의 따님 중의 한 사람이 서울공대 섬유과를 졸업했다는 사실을 어느 신문에서 본 적이 있었습니다. 그래서 그 교목실장과 대화하는 중에 그 따님을 아느냐고 물었더니, 자기와 같이 학교를 다녔다고 하면서 그분을 예수 믿도록 전도한 사람이 자기 친구였다고 합니다. 그것은 정말 놀라운 일이었습니다. 왜냐하면 그 따님의 집안은 철저한 불교 집안이었고, 그 아버지는 아주 유명한 절의 현판까지 쓰셔서 기증한 분이었기 때문입니다. 그러나 그 따님이 예수를 믿음으로 아버지도 돌아가시기 전에 예수를 믿었다는 말을 들은 적이 있습니다. 그분의 남편은 유명한 재벌 아들이었는데 결혼한 후에 얼마 있다가 회장이 되었습니다. 그분도 전도를 받았는지 감옥에서 나올 때 성경책을 들고 나오는 모습을 보았습니다. 그런데 그는 아마 철저한 크리스천이 되지는 못했는지 감옥에서 나온 후에 지금은 별거 중이라고 합니다.

나오미는 남편을 따라서 고국을 버리고 모압이라는 이방 나라에 왔다가 남편이 죽는 바람에 인생에 실패하고 말았습니다. 나오미는 두 아들을 낳아 키웠는데 두 아들 모두 전염병에 걸렸는지 갑자기 죽는 바람에 나오미는 또 인생에 실패하고 말았습니다. 나오미는 인생에서 두 번이나 실패한 사람이 되었습니다. 그러나 그는 더 이상 실패한 인생을 살 수는 없었습니다. 나오미가 살 수 있는 길은 하나님께 돌아가는 길밖에 없었습니다. 그래서 나오미는 앞으로 어떤 비참한 삶을 살든지 간에 고향으로 돌아가서 하나님만 믿고 살기로 결심했습니다.

1. 여자의 행복

보통의 여자가 가장 원하는 것이 있다면 행복일 것입니다. 남자들은 힘이 있기 때문에 명예도 원하고 성공도 원하고 높은 지위도 원하지만, 여자들은 일단 힘이 없으므로 자신이 행복한 것만으로도 충분히 만족할 수 있을 것입니다. 그러면 여자들의 행복을 어떻게 정의할 수 있을까요? 일단 생활에 있어서 궁핍함이 없어야 합니다. 여자들이 돈이 없거나 가난하게 되면 금방 표시가 나게 됩니다. 일단 옷이 멋있지 않고 머리 스타일도 멋지게 하지 못할 것입니다. 또 여자들은 언제든지 의지할 수 있는 남자가 있어야 행복할 수 있을 것입니다. 남자가 돈도 벌어다 주고 사랑도 해주면 더 행복할 것입니다. 그리고 자식이 있어서 잘 자라주면 걱정할 것이 없을 것입니다.

그러나 이런 조건들이 채워지지 못하면 여자들은 고생하게 됩니다. 남들은 좋은 옷을 입고 다닐 때 추레한 옷을 입어야 하고, 남들은 남편이 성공하고 돈 버는 자랑을 할 때 입을 다물고 있어야 할 것이고, 남들이 자식 자랑할 때 자기는 자랑할 것이 없을 것입니다. 그러나 이런 여자들의 행복의 조건은 모두 평범한 것들입니다. 즉 모든 사람이 평균적으로 누리는 행복이라는 뜻입니다. 사람들은 아흔아홉 가지를 다 가지고 있어도 남들보다 단 한 가지만 부족하거나 없어도 자신은 불행하다고 생각하게 됩니다.

어떤 사람은 여자가 가장 행복을 느낄 때는 자기가 하고 싶은 것을 마음대로 할 수 있을 때라고 주장하기도 합니다. 즉 집안에 가구를 새로 사고 싶으면 사고, 이사를 하고 싶으면 이사하고, 커피를 마시고 싶으면 마시고, 가고 싶은 곳이 있으면 언제든지 갈 수 있을 때 가장 행복하다는 것입니다. 그렇게 남자들은 여자들이 하고 싶은 대로 하게 내버려둘 때 여자들은 행복하다고 합니다. 모든 여자는 행복을 원합니다. 여자가 행복하지 않으면 고생하게 되고 자신의 정체성도 잃을 때가 많습니다.

나오미는 하나님에게로 돌아가기를 결심했지만, 문제는 두 며느리였습니다. 며느리들은 아무것도 모르고 시어머니인 나오미를 따라서 이스라엘로 가려고 하는데, 이스라엘에서 이들을 기다리고 있는 것은 멸시와 천대 그리고 고생밖에 없었습니다. 이 두 며느리는 모압 땅이 자기들의 고향이고 고국이기 때문에 여기에 남아 있으면 얼마든지 행복하게 살 수 있는데, 괜히 시어머니를 따라서 이스라엘로 갔다가는 재혼도 하지 못하고 그곳 사람들에게 멸시와 천대를 당하고 죽도록 가난하게 살다가 죽을 것이 나오미의 눈에는 너무나도 잘 보였던 것입니다.

그래서 나오미는 두 며느리를 인간적으로 사랑한 나머지 아주 간곡하게 "나를 따라서 이스라엘로 가지 말고 이 모압 땅에 남아서 재혼하라"고 권면했습니다. 두 며느리는 아직 젊기 때문에 얼마든지 모압에서 멋있는 청년을 만나서 재혼할 수 있고 얼마든지 행복하게 살아갈 수 있습니다. 그러나 이들이 시어머니를 따라서 이스라엘로 간다면 재혼할 기회도 없을 것이고, 특히 이스라엘 사람들은 몹시 이방인들을 멸시하기 때문에 그 고난과 천대는 말할 수 없을 것입니다. 더욱이 나오미는 하나님이 자신을 치셨으므로 너무 마음이 아프지만, 며느리들까지 남편이 죽어서 행복을 놓쳐버렸기 때문에 더 마음이 아프다고 말했습니다. 그래서 그 며느리들에게 "도저히 너희들이 이스라엘 땅에서 고생하는 것을 내가 볼 수 없으니 제발 이 모압 땅에 남아서 인생을 다시 출발하라"고 간곡히 부탁했습니다.

이때 며느리 중의 하나인 오르바는 시어머니의 말을 들으니까 너무나도 타당하다고 생각했습니다. 즉 인생은 내 인생이고 한번 밖에 살지 못하는 인생인데, 괜히 민족과 풍습이 다르고 종교도 다른 이스라엘 땅에 따라가서 가난하게 고생하면서 사는 것보다는 자기 고향이고 부모도 있고 친척도 있고 친구도 있는 모압 땅에서 새출발하는 것이 훨씬 더 행복할 것 같았습니다. 오르바는 자기가 시어머니를 떠나면 늙은 시어머니를 봉양할 사람이 없어질지도 모르겠지만 어차피 시어머니의 인생은 시어머니의 인생이고 자기 한 사람이라도 행복한 것이 전부 고생하는 것보다 나을 것으로 생각했습니다. 오르바도 시어머니인 나오미를 좋아했고 할 수만 있으면 끝까지 나오미를 따라가서 봉양하려고 했습니다. 그런데 시어머니가 너무나도 간곡하게 모압 땅에 남으라고 부탁하시니, 그 말씀을 가만히 들어보니까 틀린 말씀이 아니므로 오르바는 현실적인 행복을 찾아서 모압에 남기로 결정했습니다.

> 1:14-15, "그들이 소리를 높여 다시 울더니 오르바는 그의 시어머니에게 입 맞추되 룻은 그를 붙좇았더라 나오미가 또 이르되 보라 네 동서는 그의 백성과 그의 신들에게로 돌아가나니 너도 너의 동서를 따라 돌아가라 하니"

오르바나 룻이나 나오미나 모두 헤어지기 전에 같이 큰 소리로 울었다고 했습니다. 이것을 보면 서로가 얼마나 정이 들었고 서로 좋아했는지 알 수 있습니다. 그러나 이제 오르바는 시어머니에게 입을 맞추고 작별을 했습니다. 오르바는 모압 땅으로 돌아갔습니다. 아마도 자기 집으로 돌아가서 좋은 남자를 만나서 재혼해서 아기를 낳고 살았을 것입니다. 우리는 오르바가 나오미를 따라서 이스라엘로 가지 않아서 나쁘다고 생각해서는 안 됩니다. 왜냐하면 오르바에게도 자신의 행복이 중요했기 때문입니다. 그리고 오르바가 한 행동은 지극히 정상적이었고 상식적으로 봐도 가장 좋은 선택이었습니다.

그러나 룻은 오르바처럼 모압에 남지 않고 시어머니를 따랐습니다. 여기에 보면 "룻은 그를 붙좇았더라"고 했습니다. 우리말에도 '붙좇았다'는 말은 잘 쓰지 않습니다. '붙좇았다'는 말은 룻이 나오미를 꼭 붙잡고 놓지 않고 따랐다는 뜻입니다. 즉 나오미와 룻 사이에는 아주 작은 틈도 없었다는 것입니다. 아마 룻은 나오미의 옷자락을 잡았든지 손을 붙잡았든지 절대로 나오미를 놓지 않았던 것 같습니다. 어린아이들은 놀이공원에 가든지 혹은 사람이 많이 모이는 시장이나 광장에 가든지 하면 어머니를 꼭 붙잡아야 합니다. 어머니 치마를 붙잡든지 어머니 손을 붙잡든지 해서 어머니를 놓치지 말아야 길을 잃어버리지 않지, 자기 혼자 덜렁덜렁 돌아다니다가는 어머니를 놓치게 됩니다. 그래서 중국에 가보니까 엄마가 아이를 놓치지 않기 위해서 아이 몸을 줄로 매여서 그 끈을 잡고 다니는 모습을 본 적이 있습니다.

룻도 자기 동서 오르바처럼 시어머니와 헤어지고 모압 땅에 남는 것이 행복한 길이라고 생각되는데, 왜 시어머니와 떨어지지 않으려고 했을까요? 모압 땅에 남으면 얼마든지 재혼해서 다시 행복한 새출발을 할 수 있을 텐데 왜 고생문이 훤하게 열려 있는 이스라엘 땅으로 시어머니를 따라가려고 했을까요?

룻은 시어머니를 통해서 이 세상에서 평범하게 잘 사는 것보다 더 놀라운 것을 발견했기 때문입니다.

2. 룻이 나오미를 따랐던 이유

여자에게 가장 중요한 것은 행복일 것입니다. 그럼에도 불구하고 룻은 그 행복의 길을 발로 차고 멸시와 천대와 가난이 기다리고 있는 시어머니의 길을 따르려고 했습니다. 왜 룻은 행복의 길로 가려고 하지 않았을까요? 가장 중요한 이유는 룻이 시어머니 나오미를 통해서 아주 짧은 순간에 어떤 세계를 보았기 때문입니다. 시어머니 나오미는 하나님의 땅을 떠난 사람이었지만 그의 마음이나 인격 속에는 하나님의 나라가 남아 있었습니다. 룻은 시어머니와 이야기를 나누는 가운데 하나님에 대하여 알게 되었습니다. 그리고 그 하나님은 어쩌면 이방 여인인 자기를 사랑하시는 것 같았습니다. 즉 시어머니 나오미는 망해서 모압 땅에 온 것이 아니라 하나님께서 자기 같이 비천한 이방 여자에게 하나님의 이야기를 해주시기 위해서 그녀를 보낸 것 같다는 생각이 들었습니다. 룻이 나오미를 통해서 본 세계는 이 세상과는 전혀 달랐습니다. 룻이 깨달은 것은 이 세상 사람들은 모두 다 죄인인데 하나님은 우리를 사랑하신다는 사실입니다. 그리고 룻은 하나님의 말씀을 듣고 하나님의 말씀대로 사는 것이 가장 복된 인생이라는 사실을 알게 되었습니다.

룻이 시어머니를 통하여 보았던 하나님의 나라에는 하나님의 사랑이 있었습니다. 그리고 시어머니 나오미에게는 존귀함과 고귀한 것이 있었습니다. 시어머니 나오미의 마음속에는 세상 것을 가지고 판단할 수 없는 고귀함이 있었습니다. 룻이 시어머니에게서 고향 땅 이스라엘의 이야기를 들었을 때는 마치 오래전에 외국으로 입양 갔던 아이가 자기 친아버지와 어머니를 만나 어릴 적 이야기를 듣는 것 같았습니다. 룻은 자기를 만드신 하나님을 만나고 싶었습니다. 그리고 하나님 말씀의 세계 안에 있는 보물을 찾고 싶었습니다. 그리고 자기도 시어머니처럼 고귀해지고 싶었습니다. 그래서 룻은 세상의 행복을 포기하고 하나님이 계시고 하나님의 말씀이 있는 시어머니의 세계를 따라가기로 결심했습니다.

우리가 행복을 생각하면 우리가 사는 이 세상에 모든 행복이 다 있는 것 같습니다. 세상에는 사랑이 있습니다. 세상에는 학교가 있고 가정이 있고 직장이 있고 친구들이 있습니다. 백화점이 있고 마트가 있으며 영화관이 있고 맛있는 맛집들이 있습니다. 또 스마트폰이 있고 책들이 있고, 자가용이 있고 비행기가 있습니다. 이 세상은 우리가 돈만 있으면 얼마든지 행복할 수 있는 엄청난 곳입니다. 그러나 이 세상에는 무엇인가가 빠진 행복이고 무엇인가가 병들어 있는 행복뿐입니다. 그것은 바로 하나님이 없는 행복인 것입니다. 그리고 자신의 정체성을 찾지 못한 행복입니다.

예를 들어서 아이들이 아무리 놀이공원에서 정신없이 재미있게 논다고 해도 엄마가 없으면 재미가 없을 것입니다. 조금 지나면 아이들은 훌쩍훌쩍 울면서 엄마가 보고 싶다고 말할 것입니다. 하나님 없는 세상의 행복은 마치 엄마가 없는 아이의 행복과 같습니다. 또 아이에게 아무리 엄마가 곁에 있어도 병이 들어서 병원에 입원해 있으면 행복하지 않을 것입니다. 언젠가 어린이 병원에 가보니까 아이가 백혈병에 걸려서 머리를 완전히 밀고 환자복을 입고 침대 위에서 엄마 앞에서 뛰어놀고 있는 모습을 보았습니다. 물론 아이는 엄마가 있어서 재미있겠지만 엄마의 마음은 너무 아플 것입니다. 만일 그 아이가 병을 이기지 못하고 죽게 되면 엄마는 정말 미칠 듯이 고통스러울 것입니다.

룻이 보기에 자신의 고향 땅 모압은 병든 사회였습니다. 거기에 사는 사람들의 생활은 음란했고 그들의 종교는 더러웠습니다. 아기를 태워죽이면서 복을 빌 정도로 더러운 종교였습니다. 거기 사람들은 술을 마시고 남의 물건을 빼앗고 욕설을 퍼붓고 서로 싸우는 것이 전부였습니다. 룻은 이런 죄로 인하여 병든 세상을 떠나서 하나님 말씀의 세계를 찾아가고 싶었습니다. 이런 룻에게 가장 매력적인 모습으로 다가온 것은 시어머니가 가진 존귀함이었습니다. 이런 존귀함은 모압 땅에서는 절대로 볼 수 없는 것이었습니다. 룻의 마음속에는 나도 시어머니처럼 존귀해지고 싶다는 생각이 들었습니다. 그 방법은 시어머니를 놓치지 않고 따라가는 길밖에는 없었습니다.

어떤 한 청소년 수련회에 예수 믿지 않는 여자아이들이 친구를 따라왔습니다. 그 여자아이들은 수시로 화장실에 가서 담배를 피우곤 했습니다. 그리고 쉬는 시간이 되면 친구들끼리 모여서 화투를 쳤습니다. 이 여자아이들은 평소에 집에 가면 아는 오빠들 오토바이 뒤에 타고 밤새도록 돌아다니는 것이 낙이고 재미였습니다. 또 그렇게 하는 것이 가장 멋있는 삶이라고 생각했습니다. 그런데 억지로 참석한 수련회 찬양 시간에 자기와 똑같은 나이의 아이들이 손을 들고 눈물을 흘리면서 하나님을 찬양하는 모습을 보았는데 너무나도 아름답고 거룩한 모습이었습니다. 이 아이들의 세계는 자기들의 세계와 완전히 달랐습니다. 그중 한 여자 아이가 저에게 물었습니다. "우리도 저런 노래를 배울 수 있나요?" 그래서 저는 물론이라고 대답했습니다. 그 아이들은 찬양하는 청소년들을 통해서 지금까지 자기들이 살아온 것과 완전히 다른 놀라운 세계를 보았던 것입니다.

언젠가 부산의 해운대 해변을 걷고 있었는데, 그때 해운대 백사장에서는 기독교인들이 엄청나게 많이 모여서 무슨 집회를 하고 있었습니다. 저는 그들이 찬양하는 자리에서 하늘의 권세가 임하는 것을 느꼈습니다. 제 온몸에 전율이 일어났습니다.

얼마 전 우리나라 어떤 아파트에서 경찰관이 떨어져 죽었는데, 조사해 보니 그 방에 있는 사람들이 마약을 하고 있었습니다. 우리나라에 마약이 무섭게 퍼지고 있습니다. 또 지금 우리나라는 자살이 만연되어 있습니다. 거의 매일 사십 여명의 사람들이 자살하고 있다고 합니다. 통계적으로 우리나라 사람의 삼분의 일은 정신과 치료를 받아야 한다고 합니다. 학교에서 교사들이 자살하고 있습니다. 누가 그들을 자살로 몰아가고 있습니까? 학생입니까? 학부모입니까? 아닙니다. 마귀입니다. 그래서 학교 선생님들은 꼭 예수를 믿어야 그 위험에서 벗어날 수 있습니다.

우리는 하나님의 말씀을 통해서 하나님의 세계를 볼 수 있습니다. 그런데 어떤 사람들은 세상의 행복을 찾아서 세상으로 다시 돌아가 버립니다. 그러나 우리는 이 신기한 세계를 놓치고 싶지 않아서 룻처럼 이렇게 붙잡고 따라가는 것입니다.

3. 룻의 놀라운 고백

나오미는 룻에게도 "네 동서는 행복을 찾아서 자기 민족 자기 신에게로 돌아가지 않았느냐? 너도 나를 따라올 생각을 하지 말고 네 민족과 네 신에게로 돌아가라"고 간곡하게 권했습니다. 이것은 나오미의 인간적인 사랑에서 나온 간절한 부탁이었습니다. 이것은 우리들의 경우도 마찬가지입니다. 우리는 형제 중에 누군가가 예수 믿는다고 하며 가난하게 살거나 먹을 것이 없을 정도로 못산다면 당장 찾아가서 "신앙 같은 거 때려치우고 돈이나 벌어라"고 소리 지를 것입니다. 그리고 부모라면 자녀들이 교회 다닌다고 일요일에 하루 종일 교회에 있으면 "지금은 교회에 가지 말고 대학 들어가서 교회에 다니든지 말든지 해라"고 하며 야단칠 것입니다. 그러나 룻의 마음은 확고했습니다. 그것은 바로 자기가 시어머니를 통해서 보았던 그 놀라운 하나님의 세계를 절대로 놓치지 않겠다는 결심이었습니다.

1:16-17, "룻이 이르되 내게 어머니를 떠나며 어머니를 따르지 말고 돌아가라 강권하지 마옵소서 어머니께서 가시는 곳에 나도 가고 어머니

께서 머무시는 곳에서 나도 머물겠나이다 어머니의 백성이 나의 백성
이 되고 어머니의 하나님이 나의 하나님이 되시리니 어머니께서 죽으시
는 곳에서 나도 죽어 거기 묻힐 것이라 만일 내가 죽는 일 외에 어머니
를 떠나면 여호와께서 내게 벌을 내리시고 더 내리시기를 원하나이다
하는지라"

　룻은 시어머니를 통해서 갖게 된 자신의 신앙을 분명히 고백했습
니다. 그것은 형편이 어렵다고 해서 자기에게 어머니를 떠나라고 강
권하시지 말라는 것입니다. 룻의 신앙은 어머니가 가는 곳에 나도 가
고, 어머니가 머무는 곳에 나도 머물고, 어머니의 백성이 내 백성이
되고, 어머니의 하나님이 내 하나님이 되시는 것입니다. 그리고 어머
니가 죽어서 묻히는 거기에 나도 죽어 묻히겠다는 것입니다.
　'믿음'은 히브리어로 '헤민'이라고 합니다. 이 '헤민'은 따라간
다는 뜻입니다. 믿음은 어떤 지식을 듣고 그곳으로 만족하는 것이 아
니라 그 말씀을 따라가는 것입니다. 그래서 예수님은 부자 청년에게
"네 소유를 팔아 가난한 자들에게 주라 그리하면 하늘에서 보화가 네
게 있으리라 그리고 와서 나를 따르라"(마 19:21)고 하셨습니다. 제자
들에게도 "누구든지 나를 따라오려거든 자기를 부인하고 자기 십자
가를 지고 나를 따를 것이니라"(마 16:24)고 하셨습니다. 또 예수님은
베드로나 요한이나 야고보를 보았을 때도 "나를 따라오라 내가 너희
를 사람을 낚는 어부가 되게 하리라"(마 4:19)고 말씀하셨습니다.
　믿음은 주님을 따라가는 것이고, 하나님의 말씀을 끝까지 따라가
는 것입니다. 그러나 신약 시대에 오면서 그리스 사람들은 믿음을 그
냥 '복음을 듣고 동의하는 것'으로 생각했습니다. 그래서 야고보 사
도는 행함이 없는 믿음은 죽은 믿음이라고 강조했습니다(약 2:26). 즉
주님을 따라가지 않는 믿음은 믿음이 아닌 것입니다. 엘리야는 방황
하고 있는 수많은 이스라엘 백성에게 "너희는 왜 중간에서 머뭇머뭇

하느냐 여호와가 참 하나님이면 여호와를 따르고 바알이 참 하나님이면 바알을 따르라"(왕상 18:21)고 훈계했습니다.

이것은 오늘 우리에게도 마찬가지입니다. 예수 믿는 것은 자기 민족과 자기 믿음을 바꾸는 것입니다. 이 세상의 민족을 버리고 하나님의 민족을 자기 민족으로 삼는 것이며, 세상의 신을 버리고 하나님을 나의 신으로 섬기며 믿는 것입니다.

1:18, "나오미가 룻이 자기와 함께 가기로 굳게 결심함을 보고 그에게 말하기를 그치니라"

룻의 강한 결심이 나오미의 인간적인 사랑을 이겼습니다. 그는 하나님을 찾아가기로 굳게 결심했습니다. 하나님은 어떤 하나님이십니까? 우리에게 영원한 새 인생을 주시는 분이십니다.

04

장애물 넘기

롯 1:19-22

여자의 일생은 어떻게 보면 슬픈 느낌이 드는 생애라고 할 수 있습니다. 그 이유는 여성은 힘이 없어서 자신의 삶의 주도권을 가지지 못하고 남성에게 의존해서 살아야 하기 때문인 것 같습니다. 여자들이 어렸을 때는 아버지의 경제력에 의해서 인생이 결정됩니다. 아버지가 잘살면 멋있는 옷도 사 입고 대학도 다니지만, 아버지가 알코올 중독자이고 경제 무능력자라면 옛날 같으면 자녀는 고등학교나 중학교밖에 나오지 못하고 직장생활을 해야 할 것입니다. 또 결혼하고 난 후의 여자의 인생은 남편의 수입과 인격에 의해서 좌우됩니다. 남편이 수입도 좋고 인품도 훌륭하면 부인은 잘 살 수 있지만, 남편이 술이나 마시고 생활 능력 없이 지낸다면 그 뒷바라지를 하느라고 죽을 고생을 하게 됩니다. 더 나아가 여자는 나이 들어서 늙고 남편이 돌아가면 그때는 정말 자식에게 얹혀살 수밖에 없습니다. 그러다가 치매라도 오면 자녀들이 어머니를 결국 요양원에 맡기게 됩니다.

전에 한 교회 권사님이 계셨는데 치매가 오니까 자녀들이 어머니를 요양병원에 입원시켰습니다. 그런데 자녀들이 한번 그곳에 가보니까 어머니를 침대에 눕혀 놓고 두 손을 꽁꽁 묶어놓았더라는 것입니다. 그래서 간호사에게 할머니를 이렇게 묶어 놓으면 어떻게 하느냐고 항의하니까 할머니가 침대에 누워 있지 않고 돌아다니면서 다른 정신이 없는 분들 줄을 다 풀어버리기 때문에 묶어 놓을 수밖에 없다고 해명하더라는 것입니다. 요양병원에 가보니까 거기에는 인권이라는 것을 찾아보기가 어려웠습니다. 큰 병실 안에 할아버지와 할머니가 입원해 있는데 물론 반대편에 있다 하더라도 거기서 기저귀를 갈거나 옷도 갈아입히고 있으니 별로 보기가 좋지 않았습니다. 그래서 늙어가는 사람들은 점점 더 오래 사는 것보다는 존엄사를 원하는구나라는 생각이 들었습니다.

하여튼 치매가 온 권사님도 남편이 살아 계셨을 때는 멀쩡하셨습니다. 그 권사님은 음식도 만드시고 이야기도 잘하셨습니다. 그러다 남편이 40일 병중에 있다가 돌아가시니까 생의 의욕을 다 잃어버리고 제대로 먹지 않고 지내시다가 그만 치매가 오고 말았습니다. 그런데 정말 감사한 것은 다른 것은 다 잊어버려도 담임 목사님을 알아본다는 사실이었습니다. 그래서 딸들에게 의지해서 교회에 오시면 저를 보고 웃으면서 '우리 담임 목사님이시다' 라고 웃으셨습니다.

그런데 여자의 일생에 있어서 의지하는 대상이 완전히 바뀔 때가 있습니다. 그때 그 여자의 운명은 달라집니다. 바로 아버지를 의지하고 남편을 의지하다가 하나님을 의지하는 신앙으로 바뀌는 것입니다. 그때 많은 핍박을 받습니다. 처녀 때는 교회 나간다고 아버지로부터 핍박을 많이 받고, 결혼한 후에는 남편이 또 교회에 나가지 못하게 박해합니다. 그러나 이런 어려움을 이겨낼 때 하나님을 나의 아버지로 그리고 하나님을 나의 남편으로 모실 수 있습니다. 그리고 그 여자에게는 어느 누구도 흉내 낼 수 없는 존귀함과 영생이 있게 됩니다.

룻기에서 나오미가 한 일은 바로 이것이었습니다. 나오미는 남편을 의지하고 모압으로 내려갔다가 남편이 죽는 바람에 실패한 인생이 되었습니다. 나오미는 아직 남아있는 두 아들을 모압 여인과 결혼시켜서 그나마 행복하게 살려고 했는데 두 아들마저 전염병 때문인지 죽는 바람에 또다시 실패한 인생이 되고 말았습니다. 이제 나오미의 결심은 더 이상 남자를 의지하지 않고 하나님을 의지하는 신앙으로 모든 것을 바꾸겠다는 것이었습니다. 여기에는 많은 어려움이 있었습니다. 모압에 있는 두 며느리를 떼어놓아야 했고, 그 위험하고 먼 이스라엘로 돌아가야 했으며, 또 자기가 살던 베들레헴 사람들의 무시와 따돌림을 어떻게 감당해내느냐 하는 것이었습니다.

1. 하나님께 돌아가는 장애물

우리가 이 세상에서는 돈이나 직장이나 남편이나 그 무엇인가를 믿고 살아갑니다. 그러다가 어느 날 눈에 보이고 손에 잡히는 이 모든 것을 포기하고 눈에 보이지도 않는 하나님을 의지하고 살아가겠다고 결심하는 것은 쉬운 일이 아닙니다. 왜냐하면 이 세상의 자식이나 부모나 남편이나 돈은 구체적으로 의지할 수 있는 것이지만, 하나님은 눈에 보이지 않기 때문입니다. 만일 하나님만 의지하는데 하나님이 도와주시지 않으면 그 사람은 망하게 되는 것입니다.

우리가 하나님께 돌아가려면 장애물이 많습니다. 이 세상에 대한 미련이나 자존심 혹은 게으름 등이 장애물이 될 수 있습니다.

예수님의 탕자 비유에서 탕자는 아버지의 유산을 미리 달라고 해서 그 돈으로 말로는 사업을 한다고 했지만 실제로는 술을 마시고 방탕한 생활을 하는 바람에 알거지가 되고 말았습니다. 이 탕자는 적어도 아버지에게 돌아가면 굶어죽지는 않는다는 것을 알았지만 쉽게 아버지께 돌아갈 수 없었습니다. 왜냐하면 그는 아버지 재산을 상속받는 과정에서 아버지에게 모든 못된 말을 다 했고, 떠날 때도 부자가 되어서 돌아오겠다고 큰소리치고 떠났기 때문입니다.

요즘 텔레비전에서 자연인이라는 프로를 보고 은퇴해서 농사를 지으면서 살아야겠다고 귀농하는 사람들이 많다고 합니다. 정부에서는 이 귀농하는 사람들을 위해서 교육도 시켜주고 텃세도 심하지 않은 곳을 소개해주기도 합니다. 그런데 막상 은퇴해서 그 돈을 가지고 시골에 가서 전원주택을 짓고 사는 사람들 중에 잘 사는 사람도 있지만, 도저히 견디지 못해서 집을 버리고 도시로 다시 돌아오는 사람들도 많이 있다고 합니다. 그 이유 중 하나는 편의시설이 너무 멀다는 것입니다. 노인이 되면 자주 아픈데 집 가까운 데 병원이 없다는 것입니다. 그리고 필요한 것을 살 수 있는 마트나 백화점이나 심지어는 가게나 약국조차 없는 곳도 많다고 합니다. 그리고 벌레도 너무 많고 농사일이 너무 힘들고 또 그 지역 사람들에게 왕따를 당하면 길도 막아버려서 차가 들어가지도 못한다고 합니다.

우리가 잘 아는 모세는 하나님의 말씀에 붙들려서 다시 애굽으로 돌아감으로 찬란한 새로운 인생이 펼쳐지게 되었습니다. 그때 모세의 나이 80세였습니다. 오늘 누군가가 80세에 새 인생을 시작한다면 믿겠습니까? 그러나 모세는 하나님을 의지의 대상으로 바꿈으로 찬란한 새 인생이 시작되었습니다. 모세도 하나님의 말씀에 순종해서 애굽으로 가는데 장애물이 있었습니다. 그것은 사십년 전 그가 혈기가 왕성할 때 애굽의 노예 감독 하나를 때려죽였다는 사실이었습니다.

캐나다 국적을 가진 한국 목사님이 북한의 노인이나 어린이들을 돕기 위해서 많은 일을 했고 북한에 많이 왔다 갔다 했습니다. 그러나 그가 선교사들에게 강의하면서 북한 지도부에 대하여 비판하는 내용을 누군가가 유튜브에 올렸는데 그것을 북한의 정보 담당하는 사람들이 본 모양입니다. 그 이후 북한에서 붙들려서 북한 체제를 비판하고 반역하는 죄를 지었다고 해서 무기 노동교화형에 처해졌습니다. 그때 우리는 기도했습니다. 아마 캐나다에 있는 교회는 더 열심히 기도

했을 것입니다. 아내는 얼마나 기도를 많이 했겠습니까? 그러던 어느 날 그는 석방이 되어서 건강한 몸으로 돌아왔습니다. 그때 우리는 분명한 하나님의 메시지를 들었습니다. 아무리 북한이 핵무기를 가지고 있고 독재자의 마음에 따라 사람들이 살고 죽는다 하더라도 기도의 힘을 이길 수 없다는 것이었습니다. 북한의 독재 권력은 이미 기도의 힘에 졌던 것입니다.

어떤 영국 사람이 나쁜 생각에 빠져서 집을 팔았고 집 판 돈을 모두 가지고 가출해서 탕진해 버렸습니다. 그는 자살 외에는 방법이 없다고 생각해서 강에서 뛰어내려 죽으려고 하는데, 하필이면 그날이 수요일이었습니다. 그는 기왕 죽는 것 예배나 한번 드리고 죽어야겠다고 생각하고 교회를 찾았는데 그 교회 목사님이 아주 복음적인 목사님이었습니다. 그는 그날 그 목사님을 통해서 '하나님은 죄인을 사랑하신다'는 설교를 들었습니다. 그는 교회 의자가 눈물범벅이 되도록 울고 집에 돌아가서 부인에게 잘못했다고 빌었습니다. 그리고 그는 다시 밑바닥에서부터 착실하게 신앙생활하고 부지런히 일해서 다시 가정이 회복되었고 교회에서도 충성된 종이 되었습니다.

나오미는 이제 하나님만 의지하기 위하여 모압의 모든 것을 청산하고 베들레헴으로 돌아가려고 했습니다. 그런데 며느리들이 나오미가 가는 길에 걸림돌이 되었습니다. 그래서 두 며느리에게 모압으로 돌아가라고 간곡하게 권유를 했습니다. 한 명은 돌아갔지만, 나오미와 같은 마음을 가졌던 룻은 돌아가지 않았습니다. 그다음 걸림돌은 이스라엘로 돌아가는 길이었습니다. 그 길은 강도들이 우글거리고 중간에 물도 구하기 어렵고 엄청나게 더운 길을 걸어서 베들레헴까지 가는 자체가 어려운 문제였습니다. 그러나 가장 어려운 걸림돌은 무엇입니까? 나오미가 베들레헴을 떠날 때 풍족한 가운데 떠났는데 알거지가 되어서 돌아왔으니 베들레헴 사람들이 자신을 어떻게 볼 것이며 어떻게 고개를 들고 거기에 살 것인가 하는 것이었습니다. 그리고 나오미의 마지막 자존심이 그의 발을 잡았습니다. 이 나오미의 자존심이 그의 마지막 장애물이었던 것입니다.

2. 베들레헴에 일어난 소동

나오미가 모압을 떠나서 베들레헴까지 가는데 그 더운 날 먼 거리를 이동하는 것은 결코 쉽지 않았을 것입니다. 그러나 성경은 그것에 대해서는 아무 말씀도 없습니다. 그 이유는 하나의 단어로 표현할 수 있기 때문입니다. 즉 "하나님의 은혜"가 나오미와 룻을 지켜주셨기 때문입니다. 나오미와 룻이 무사히 모압 땅에서 베들레헴까지 왔다는 것 자체가 하나님께서 그들을 지켜주셨으며 앞으로도 그들을 지켜주신다는 약속입니다. 그래서 우리에게도 오늘까지 크고 작은 어려움은 있었지만 그래도 무사히 지금까지 이곳에 왔다는 사실이 앞으로도 하나님이 나의 앞길을 지켜주신다는 약속인 것입니다.

나오미와 그의 며느리가 지친 모습으로 먼지를 뒤집어쓴 채로 베들레헴에 나타났을 때 사람들은 그들이 거지인 줄 알았을 것입니다. 아마 베들레헴 사람들은 나오미를 알아보지도 못했을 것입니다. 그러나 도대체 어떤 과부들이 그것도 늙은 사람과 젊은 사람 두 사람이 이 베들레헴에 왔을꼬 하고 유심히 보다가 그들은 드디어 늙은 과부가 나오미라는 사실을 알아냈습니다. 그러고는 온 여자들이 바빠지기 시작했습니다. 그들은 이리 뛰고 저리 뛰면서 "나오미가 돌아왔다. 나오미가 돌아왔다"고 하면서 서로 알려주기 시작했습니다. 그래서 삽시간에 나오미가 알거지 되어서 돌아왔다는 소문이 온 베들레헴에 퍼지게 되었습니다.

1:19, "이에 그 두 사람이 베들레헴까지 갔더라 베들레헴에 이를 때에 온 성읍이 그들로 말미암아 떠들며 이르기를 이이가 나오미냐 하는지라"

나오미와 룻이 베들레헴에 들어갔을 때 순식간에 베들레헴 여자들이 다 모여서 과연 이 누추한 여자가 나오미가 맞기는 맞느냐 하면서 놀라워했습니다. 더욱이 분명히 옛날에 나오미가 잘 살았던 것에 대해 시기하는 여자들도 있었을 것입니다. 그들은 나오미가 망해서 온 것에 대해서 틀림없이 고소하게 생각했을 것입니다. 그러니 베들레헴 사람들은 나오미에 대하여 궁금한 것이 너무 많았을 것입니다. 도대체 남자들은 다 어디 가고 나오미만 돌아왔을까? 그리고 나오미가 데리고 온 이 젊은 여자는 과연 누구일까? 나오미는 어떻게 해서 이렇게 쫄딱 망하게 되었을까?

나오미에게는 베들레헴 사람들에게 자신의 이렇게 누추한 모습을 보여야 하고 그들이 결코 자기를 환영하지 않으며 짐스러워한다는 것 자체가 부담이었을 것입니다. 더욱이 나오미처럼 고상한 여자에게는 자존심이라는 것이 있습니다. 나오미는 베들레헴에 돌아감으로 자신이 마지막으로 가지고 있던 자존심마저 여지없이 뭉개지는 것을 감당해야 했던 것입니다. 만일 나오미가 자신의 체면이나 자존심을 생각했더라면 베들레헴으로 결코 돌아오지 못했을 것이고 베들레헴에 돌아왔다 하더라도 견디지 못했을 것입니다. 우리가 하나님께로 돌아가는데 막는 마지막 걸림돌이 바로 이 자존심입니다. 우리가 이 걸림돌을 뛰어넘어야 미래를 향해 뛰어나갈 수 있습니다. 만약 이것을 뛰어넘지 못해 거기에 걸려서 웅덩이에 빠져버린다면 더욱 비참한 인생을 살게 될 것입니다.

3. 나오미의 겸손

나오미는 온 성읍 사람들이 자기를 마치 원숭이 구경하듯이 쳐다보면서 말을 많이 하는 것을 조금도 언짢게 생각하지 않았습니다. 나오미는 자신이 옛날에 교만했으며 남편만 의지해서 하나님을 멀리 떠났던 사실을 시인했습니다.

1:20, "나오미가 그들에게 이르되 나를 나오미라 부르지 말고 나를 마라라 부르라 이는 전능자가 나를 심히 괴롭게 하셨음이니라"

나오미는 베들레헴 여자들에게 솔직히 자기가 망해서 돌아왔다는 것을 시인했습니다. 그래서 이제부터는 자기 이름을 바꾸겠다고 했습니다. 원래는 자신의 이름이 '나오미' 인데 이제부터는 '마라' 라고 불러달라고 했습니다. '나오미' 는 '기쁨' 이라는 뜻인데, '마라' 는 '고통스럽다, 쓰다, 괴롭다' 라는 뜻을 가지고 있는 단어입니다. 이렇게 나오미는 전능하신 하나님께서 모압 땅까지 찾아오셔서 나를 너무나도 고통스럽게 하셨다고 시인했습니다. 나오미는 이제 기쁨이 아니라 고통덩어리가 되었다고 고백했습니다. 나오미의 삶은 다른 사람들이 보기에도 살이 곪아서 고름이 질질 흐르는 고통스러운 사람이 되어버렸던 것입니다. 그러면 사람들은 이런 사람을 좋아하지 않고 멀리하게 됩니다.

그러나 나오미는 자신의 자존심을 조금도 내세우지 않았습니다. 나오미는 자신의 현실을 그대로 인정했습니다. 이것이 매우 중요합니다. 예수 믿는 사람들은 하나님의 말씀만 듣고 자기도취에 빠지기 쉬운데 그 말씀은 너무나도 영광스럽기 때문입니다. 그러나 우리의 현실은 그렇지 못합니다. 그래서 잘못하면 크리스천들이 현실을 부정하고 나르시시즘에 빠져서 자신에 대하여 허황되게 생각할 가능성이 큽니다. 그러나 그렇게 하면 다른 사람들이 크리스천들을 이상한 사람으로 생각하게 되고 이해하지 못합니다. 그리고 하나님께서도 그 사람을 위해서 일을 하실 수 없습니다. 아마 베들레헴 사람들은 나오미에게 모든 것을 다 물었을 것입니다. 나오미는 아무것도 숨기지 않고 다 이야기를 했을 것입니다. 그는 남편을 따라 모압으로 갔지만 남편은 병으로 먼저 죽어버리고, 아들 둘은 모압 여자와 결혼시켰는데 아들들마저도 다 죽어버리고 나만 남았다고 했습니다. 그리고 지금 자기가 데리고 온 이 젊은 여자는 모압 여인 며느리라고 소개했을 것입니다. 이 며느리는 아무리 내가 모압으로 돌아가라고 해도 시어머니와 떨어지지 않겠다고 해서 어쩔 수 없이 데리고 왔다고 이야기했을 것입니다.

1:21, "내가 풍족하게 나갔더니 여호와께서 내게 비어 돌아오게 하셨느니라 여호와께서 나를 징벌하셨고 전능자가 나를 괴롭게 하셨거늘 너희가 어찌 나를 나오미라 부르느냐 하니라"

나오미는 십 년 전에 베들레헴을 떠날 때 집을 팔고 밭을 팔고 모든 가재도구를 팔아서 돈을 많이 가지고 떠났습니다. 아마 베들레헴 사람들은 나오미 집의 그 풍족함을 보고 부러워했을 것입니다. 그러나 십 년이 지나고 난 후 나오미는 모든 것을 다 잃어버리고 빈손이 되어서 돌아왔습니다. 남편도 병들어 죽고 두 아들도 죽어버렸습니다. 나오미는 가진 돈이나 재물이 하나도 없게 되어버렸습니다. 그것을 나오미는 여호와께서 나를 징벌하셨다고 했습니다. 즉 전능하신 하나님께서 나오미를 엄청나게 괴롭게 하셨다는 것입니다. 그래서 나오미는 더 이상 나오미라는 이름은 자기에게 맞지 않다고 했습니다. 나오미는 이제부터 나에게 맞는 이름은 '고통 그 자체' 또는 '전능자에게 실컷 두들겨 맞은 자' 라고 했습니다.

여기서 나오미는 하나님의 이름을 '전능자', 원어로 '샤다이'라고 불렀습니다. '샤다이'는 사람들이 몰래 하는 행위까지 다 보시는 분이실 뿐 아니라 아무리 맞고 터지고 두들겨 맞은 사람도 얼마든지 치료해주시는 분이라는 것입니다. 그래서 나오미는 '샤다이'에게 맞은 것을 치료받으러 왔고, 이제 앞으로 모든 삶을 '샤다이'에게 맡기러 왔다는 고백이었습니다. 나오미는 자기 이름을 '마라'라고 불러달라고 부탁했지만 아무도 나오미를 '마라'라고 부르는 사람은 없었습니다. 왜냐하면 나오미에게는 그 누구도 그를 우습게 여길 수 없는 솔직함과 고귀함이 있었기 때문입니다. 나오미는 모압에서 마음고생을 많이 했지만 그의 속사람은 더 보석같이 변해있었습니다.

나오미와 룻이 하나님께 돌아왔을 때는 하나님께서 베들레헴에 복을 주실 때였습니다.

1:22, "나오미가 모압 지방에서 그의 며느리 모압 여인 룻과 함께 돌아왔는데 그들이 보리 추수 시작할 때에 베들레헴에 이르렀더라"

우리가 하나님의 복을 받으려면 복이 임하는 때 그 복이 임하는 장소에 있는 것이 아주 중요합니다. 사람이 아무리 하나님께 복을 달라고 해도 복을 주실 때가 아니고 복을 받을 수 있는 곳이 아니라면 아무 소용이 없습니다.

예를 들어서 부흥의 복을 받으려고 하면 부흥이 임하는 곳에 있어야 합니다. 우리나라의 1980, 90년대는 교회에 복이 임하는 시기였습니다. 그리고 영적으로도 엄청나게 부흥되는 시기였습니다. 그래서 한국 사람들이 거의 대개 많은 복을 받았고 기독교 신자도 아주 많아지게 되었습니다. 그러나 부흥이 일어나지 않는 곳은 여전히 부흥이 일어나지 않았습니다.

하나님께서 나오미를 베들레헴에 오게 하셨을 때는 보리를 추수하기 시작할 때였습니다. 즉 일단 추수를 하고 있는 이상 나오미나 룻이 어떤 처지에 있더라도 먹을 수는 있었던 것입니다. 그러면 추수가 다 끝나면 어떻게 삽니까? 우리는 그런 것까지 생각할 필요가 없는 것입니다. 왜냐하면 그때는 하나님께서 또 다른 방법으로 먹을 것을 주실 것이기 때문입니다.

우리가 진정한 신앙으로 돌아오는 데는 걸림돌이 있습니다. 오랫동안 자신이 믿어온 습관이나 자기 자존심이 걸림돌이 될 수도 있습니다. 그러나 그런 장애를 뛰어넘지 못하면 남은 인생을 별볼일없이 살 수밖에 없습니다. 사람들은 자신을 바꾸는 것을 정말 싫어합니다. 그냥 지금까지 자기가 해온 그대로 끝까지 살고 싶어 합니다. 그러면 우리는 더욱더 잃어버리는 인생을 살게 될 것입니다. 자기 자신이라는 걸림돌을 뛰어넘어서 새출발할 수 있기를 바랍니다.

05

우연한 발걸음

룻 2:1-3

펭귄은 알을 부화할 때 수놈의 발등에서 부화합니다. 그 추운 남극에서 영하 50도 이하의 추위에 눈 태풍이 불어오는데 따뜻한 곳은 펭귄의 발등밖에 없다고 합니다. 거기에 혈관이 많이 몰려 있어서 따뜻하다고 합니다. 펭귄이 알을 부화했을 때 새끼들은 그 추운 남극 얼음 위에서 어디로 가야 살 수 있겠습니까? 남극에는 어미가 벌레를 물어다 줄 수도 없고, 펭귄 새끼들이 포근하게 있을 둥지도 없습니다. 아기 펭귄들은 바다로 가야 살 수 있다고 합니다. 그래서 아기 펭귄들은 줄을 지어서 뒤뚱거리면서 바다 냄새를 맡고 바다를 향하여 갑니다. 어떤 때는 산을 넘기도 하고 어떤 때는 들판을 건너기도 합니다. 펭귄 새끼들은 바닷가에 가면 바다로 뛰어듭니다. 아무리 아기 펭귄이라도 일단 바닷물에 들어가면 물고기보다 더 빨리 움직이면서 새우를 잡아먹습니다. 물론 아기 펭귄 중에는 바다가 무서워서 금방 뛰어들지 못하고 머뭇거리는 펭귄도 있습니다. 그러면 뒤에 있는 펭귄 새끼에게 밀려서 저절로 바다에 빠지게 됩니다.

만약 어떤 사람이 비행기를 타고 가다가 추락했는데 사하라 사막이나 어느 나라의 큰 산악 지역에 떨어지게 되었다면 그 사람은 어디로 가야 살겠습니까. 아마 그 사람은 이 넓은 천지에서 도대체 어디로 가야 사람 사는 데로 갈 수 있을지 막연할 것입니다. 우리가 어렸을 때는 어디로 가야 할지 모르면 손바닥에 침을 뱉어서 손가락으로 쳐서 방향을 정했습니다. 서양 사람들은 동전을 던져서 윗면이 나오는지 아랫면이 나오는 것으로 방향을 정했습니다. 군에서 제대하면 어떤 직장에 취직해야 할지 막연할 때가 많습니다. 또 남자 청년이나 여자 청년이나 결혼하려고 할 때 누구와 해야 할지 그리고 자기에게 맞는 사람을 어떻게 만날 수 있을지 너무나도 막연할 때가 많습니다.

　어떤 처녀는 결혼 상대를 도저히 만날 수 없어서 컴퓨터의 유료 앱을 통해서 남자들을 검색했는데 의사이고 수입도 좋고 인품도 괜찮아서 서로 연결이 되었습니다. 그 남자를 병원에서 만나기도 했는데 수술복을 입고 그 위에 의사 가운을 입고 만날 때도 있었다고 합니다. 그런데 다행스럽게도 그 처녀가 아는 사람이 그 사람이 다닌다는 병원에 근무하고 있었습니다. 그런데 그 친척은 자기 병원에 그런 의사가 없다고 했습니다. 그래서 이 처녀는 경찰에 신고했는데 그가 말한 내용은 전부 거짓이었다고 합니다. 그는 의사도 아니고 이미 결혼도 했고 그런 식으로 만나는 여자가 오십여 명이나 되었다고 합니다. 우리는 이 넓은 세상에서 어디로 가야 망하지 않고 정말 나에게 딱 맞는 직장이나 배우자를 만나서 행복하게 살 수 있을까요? 하나님은 우리의 길을 인도하십니다.

1. 갈 바를 알지 못하는 룻

우리는 이 세상에서 '우연'이라고 생각했는데 사실은 우연이 아닐 때가 많이 있습니다. 마치 어떤 절대자의 손이 이끌어 주어서 생각지도 못한 사람을 만나기도 하고, 또 생각지도 못한 곳에서 일하게 될 때도 있습니다. 그런데 그것이 바로 하나님이 내 삶을 인도하시는 것입니다.

어떤 대학생이 있었는데, 이 학생은 엄격한 유교 집안 출신이었습니다. 거기에다가 종손이니까 종교를 가진다는 것은 조상의 제사 때문에 생각할 수도 없었습니다. 그 집은 일 년에 제사가 열두 번이나 있었다고 합니다. 그러니까 한 달에 한 번꼴로 제사가 있는 것이었습니다. 그런데 이 학생은 서울에 있는 대학에 들어오니까 종교를 가지고 싶은 생각이 들었습니다. 그는 고등학교를 천주교 계통의 학교를 나와서 천주교를 믿으려고 염주도 사고 기도서도 사서 성당에 갈 준비를 다 해놓았습니다. 그런데 옆방에 있던 친구가 "우리 하숙집에서 어떤 서울대 출신이 와서 성경을 가르친다는데 가보지 않을래?" 하고 소개하더라는 것입니다. 그런 후에 이 학생은 염주까지 다 사놓고도 성경공부라는 말에 마음이 끌려서 그 자리에 오게 되었습니다. 그런데 성경공부가 너무 재미가 있었던 모양입니다. 이 청년은 염주와 기도문을 버리고 성경공부에 계속 나왔습니다. 그리고 그는 예수 믿는다고 해서 집에서 쫓겨났지만 그래도 성경공부 모임에 계속 나왔습니다. 그리고 그는 세례를 받고 크리스천이 되었습니다.

그는 앞으로 무엇을 할지도 몰랐고 결혼할 수 있는 가능성도 없었습니다. 그는 직장도 없이 저의 일을 도우면서 살았습니다. 그러다가 그는 몇 년 후 신학교에 가서 목사가 되었습니다. 그리고 같은 모임에 나오는 자매와 좋아하게 되어서 결혼까지 했습니다. 그 집안은 종손이었지만 아들이 없었는데, 그 청년은 아들을 둘이나 낳고 딸까지 낳아주었습니다. 그리고 그의 부모와 할아버지는 기독교에 대한 오해를 버리고 이 아들과 며느리와 손자 손녀들은 너무나 사랑하게 되었습니다. 그 대학생은 미래에 대한 길을 전혀 몰랐지만 하나님은 그의 길을 인도하고 계셨습니다.

아무것도 가진 것 없이 빈손으로 베들레헴에 돌아온 나오미와 룻은 가능성이라고는 제로인 인생이었습니다. 마침 그들이 베들레헴에 돌아온 때는 보리 추수할 때여서 룻은 보리 이삭을 추수하고 먹을 것을 구하려고 하는데, 그 넓은 밭에서 어디로 가야 주인이나 일꾼들의 욕을 먹지 않고 쫓겨나지 않고 안전하게 보리 이삭을 주울 수 있을지 몰랐습니다. 그래도 룻은 큰 바구니 같은 것을 하나 들고 무작정 발이 가는 대로 들어갔습니다. 어떤 밭에서는 보리 이삭 줍는 것은 안 된다고 하기도 하고, 어떤 밭에서는 사람들의 눈빛이 이상하기도 했습니다. 그러다가 드디어 어느 밭에 일하는 사람이 보리 이삭을 주워도 된다고 하는데 인상이 선했습니다. 그 밭이 바로 하나님께서 룻의 발걸음을 인도하신 밭이었습니다.

룻이 보리 이삭을 주우려고 우연히 찾아간 곳은 보아스라는 사람의 밭이었습니다. 그런데 바로 이 보아스가 하나님께서 나오미와 룻을 위해서 준비해 놓은 사람이었습니다. 우선 룻은 하나님의 땅에 들어왔다고 해서 공중에서 먹을 것이 저절로 떨어진다고 생각하지 않았습니다. 그 당시 여인들이 하는 가장 비천한 일이 바로 이삭을 줍는 일이었습니다. 이삭을 줍는 것은 추수하는 사람들이 보리를 베면서 실수로 흘리는 이삭을 여인들이 따라가면서 줍는 일이었습니다. 그래서 먼저 여인들은 그 일꾼들을 책임지는 사람에게 밭에 들어가서 이삭을 주워도 되는지 허락을 받아야 하고, 또 추수하는 사람들의 입장에서는 뒤에서 따라오면서 이삭을 줍는 여자들이 귀찮기 때문에 욕을 하기도 하고 여인들을 쫓아내기도 했습니다.

2:2, "모압 여인 룻이 나오미에게 이르되 원하건대 내가 밭으로 가서 내가 누구에게 은혜를 입으면 그를 따라서 이삭을 줍겠나이다 하니 나 오미가 그에게 이르되 내 딸아 갈지어다 하매"

룻은 먼저 시어머니에게 "우리는 지금 양식이 없는데 마침 보리 이삭을 줍는 때니까 제가 들판에 나가서 보리 이삭을 주워올까요?" 하고 물어보았습니다. "혹시 누군가가 저에게 은혜를 베풀어서 이 삭을 주워도 된다고 하면 나가서 이삭을 주워오겠습니다"라고 했습 니다. 룻은 모든 일을 하기 전에 반드시 시어머니 나오미에게 물어 보았습니다. 룻은 나오미가 신앙의 어머니였기 때문입니다. 우리 신 앙에는 반드시 말씀과 행동을 가르쳐주는 선생이 있어야 합니다.

룻은 앞으로 나아갈 길을 모른 채 무조건 나아갔습니다. 그러나 그의 걸음은 하나님께서 인도하고 계셨습니다. 우리는 우연히 어떤 길을 가게 되었다고 생각하지만 이 세상에 우연이라는 것은 없습니 다. 하나님은 우리 한 사람 한 사람에 대하여 계획을 가지고 계시고 우리의 걸음을 인도하십니다.

2. 보아스의 등장

베들레헴으로 돌아와서 룻이 보리 이삭을 주우러 가려고 하는 장 면에 갑자기 보아스가 등장합니다.

2:1, "나오미의 남편 엘리멜렉의 친족으로 유력한 자가 있으니 그의 이 름은 보아스더라"

보아스는 베들레헴에서 '유력한 사람'이었습니다. '유력한 사람' 이라는 것은 상당한 경제력이 있다는 뜻입니다. 그래서 보아스는 자기 밭에 많은 사람을 고용해서 추수하도록 시켰습니다. 그뿐만 아니라 이 사람은 상당한 리더십이 있었습니다. 유력한 사람이 되려고 하면 경제력이나 세상 지식만 가지고 있다고 해서 되지 않습니다. 믿음이 있어야 합니다. 그리고 하나님의 말씀을 알아야 하고 분명한 중심을 가지고 있어야 합니다. 이 사람이 뭐라고 하면 흔들리고 저 사람이 뭐라고 하면 또 흔들린다면 그 사람은 믿을만한 사람이 될 수 없습니다.

그는 나오미의 남편 엘리멜렉의 친족이었습니다. 여기서 우리는 나오미가 보지 못한 하나님의 위대한 계획을 보게 됩니다. 나오미가 모압에서 생각했던 것은 이스라엘 과부들이 재혼할 수 있는 유일한 방법은 남편의 동생이 있어야 한다는 것이었습니다. 그러나 나오미는 두 아들이 다 죽는 바람에 다른 아들이 없었습니다. 그래서 두 며느리는 재혼할 길이 없어져 버렸습니다. 나오미는 두 며느리에게 "나는 지금 늙었다. 설사 내가 오늘 결혼해서 아들을 낳는다 하자. 너희들이 어찌 그 아들이 자라기를 기다리겠느냐?"고 하면서 "그러므로 너희들은 이스라엘에서 희망이 없다"고 했습니다.

그러나 나오미가 생각하지 못한 사실이 있었습니다. 그것은 동생이 없을 경우, 가장 가까운 친척 중에서 원하는 사람이 있다면 이 과부와 재혼할 수 있다는 사실이었습니다. 그러나 나오미는 이스라엘에 그럴만한 믿음을 가진 친척이 없다고 생각했습니다. 왜냐하면 그런 친척은 결혼해서 아이를 낳아봐야 자기 아들이 아니고 죽은 친척의 아들이 되는 것이기 때문이었습니다. 그리고 그 친척은 또 과부가 팔아버린 땅이나 집을 사서 과부의 아들에게 주어야만 했습니다. 그래서 친척이 재혼해준다는 것은 그야말로 몸도 주고 돈도 주고 아들도 주는 것이기 때문에 나오미는 그런 일을 할 만한 믿음을 가진 사람은 없다고 생각했던 것입니다.

그러나 아무도 모르는 가운데 하나님은 보아스라는 인물을 준비해 놓고 계셨습니다. 하나님은 나오미가 생각했던 것보다 훨씬 큰 계획을 가지고 계셨습니다. 보아스는 충분히 그럴만한 믿음을 가지고 있었습니다. 왜냐하면 보아스의 부모는 보통 믿음을 가진 사람이 아니었기 때문입니다. 결국 위대한 믿음은 하늘에서 떨어지거나 땅에서 그냥 솟는 것이 아닙니다. 위대한 믿음은 무엇인가 보고 배운 것이 있어야 생길 수 있습니다. 즉 아버지의 신앙이 위대하든지 어머니의 신앙이 위대하든지 교회에서 가르치는 선생님의 신앙이 위대하든지 무엇인가 위대한 신앙을 가진 사람으로부터 보고 배워야 합니다.

보아스는 살몬의 아들이었습니다. 그리고 그의 어머니가 그 유명한 여리고 성의 기생 라합이었습니다. 살몬은 많은 사람이 추측하기를 여리고 성을 정탐했던 그 정탐꾼 중의 한 사람이 아니냐는 것입니다. 여호수아는 두 사람의 정탐꾼을 여리고 성으로 보내었습니다. 그런데 여호수아는 두 정탐꾼을 보내면서 하나님이 왜 그들을 보내라고 하시는지 전혀 이해하지 못했습니다. 그러나 여리고 성에는 그 수많은 죄인 중에서 하나님 믿기를 원하는 한 여자가 있었습니다. 그 사람이 바로 기생 라합이었습니다. 라합은 기생이라고 하지만 창녀는 아니었던 것 같고 밥과 술도 팔고 여관업도 하고 하숙집을 경영했던 것 같습니다.

두 정탐꾼은 추격을 피해 이 라합의 집으로 숨어들었습니다. 라합은 즉시 이 두 사람의 정체를 알아보고 지붕 밑에 있는 삼대 말리는 밑에 숨겼습니다. 그리고 여리고 군대가 이 두 정탐꾼을 잡으러 왔을 때 라합은 여리고 군인들에게 "누군가가 우리 집에 온 것은 맞지만, 그들의 옷차림도 이상하고 말도 이상해서 내가 나가라고 했다"고 거짓말했습니다. 그러면서 이 두 사람이 성 밖으로 빠져나가는데 아마 요단강 쪽으로 도망치는 것 같더라고 하면서 빨리 추격하면 얼마든지 잡을 수 있을 것이라고 했습니다. 그러니까 여리고 군대는 라합의 집을 수색도 대충하고 급히 요단강 쪽으로 추격을 계속했습니다.

　라합은 두 이스라엘 정탐꾼을 삼대 밑에서 나오게 한 후에 "나는 너희 이스라엘 하나님 이야기를 많이 들었다. 나는 하나님을 믿고 싶다. 내가 너희들을 살려준 것처럼 너희들도 우리를 살려주어야 한다"고 하자 두 정탐꾼은 고맙다고 하면서 "우리 목숨을 걸고 너희 가족들의 생명을 지켜주겠다"고 약속했습니다. 그리고 실제로 여리고 성이 무너졌을 때, 여호수아는 이 두 정탐꾼을 보내어서 기생 라합의 집 식구들을 가장 먼저 살리게 했습니다. 여리고 성이 무너질 때 기생의 라합의 집은 무너지지 않았습니다. 하나님께서 라합을 지켜주셨기 때문입니다. 나머지 여리고 성 사람들은 한 명도 살지 못하고 이스라엘의 칼날에 다 죽었습니다.

　이때 여리고 왕을 배신하고 이스라엘 정탐꾼을 살린 여자가 바로 보아스의 어머니 라합이었습니다. 그리고 자신의 생명을 걸고 라합과의 약속을 끝까지 지킨 정탐꾼이 바로 보아스의 아버지 살몬이었습니다. 그래서 마태복음 1장 5-6절에 나오는 예수님 족보를 보면 "살몬은 라합에게서 보아스를 낳고 보아스는 룻에게서 오벳을 낳고 오벳은 이새를 낳고 이새는 다윗 왕을 낳으니라"라고 했습니다. 그러니까 보아스의 어머니는 이스라엘 여인이 아니라 여리고 여자였습니다. 그리고 그는 목숨을 걸고 여리고 왕을 배신하고 이스라엘 백성이 된 여자였습니다. 기생 라합도 이방인이기 때문에 이스라엘 사람이 될 수 없었는데, 라합에 의해서 목숨을 건진 살몬이 보니까 라합이 보통 믿음의 여인이 아니었습니다. 그래서 아마도 살몬이 라합에게 청혼을 하고, 라합은 살몬과 결혼함으로 이스라엘 여자가 되었던 것입니다.

　여리고 여자였다가 목숨을 걸고 이스라엘 여자가 된 기생 라합은 자기가 낳은 보아스를 어떻게 교육했겠습니까? 아마 다른 이스라엘 여자들보다 더 철저하게 신앙 교육을 시켰을 것입니다. 우선 하나님은 이방인이라고 해서 다 미워하시는 것은 아니라고 가르쳤을 것입니다. 하나님은 이방인 중에서 하나님을 믿으려는 사람들을 더 사랑하시는 것입니다. 그뿐만 아니라 적어도 이스라엘 남자라면 희생적이어야 한다는 사실을 가르쳤을 것입니다. 이 당시 이스라엘 사람들만 해도 자기에게 손해되는 일은 절대로 하려고 하지 않았습니다. 그러나 보아스의 아버지 살몬은 죽을 각오를 하고 여호수아의 명령에 따라서 여리고에 잠입했고 그들의 신분이 탄로가 났지만 라합의 도움으로 살아났습니다. 그들은 붉은 줄을 타고 여리고 성에서 내려와서 추격자들과 반대되는 방향으로 가서 사흘 동안 숨어 있다가 이스라엘로 돌아가서 여호수아에게 이 모든 일을 다 보고했습니다. 그런 후에 살몬은 자기 목숨을 걸고 라합의 생명을 지켜주었습니다. 특히 라합은 보아스에게 특히 하나님을 믿으려고 이스라엘에 온 이방 여자는 함부로 무시하지 말고 업신여기지 말고 하나님이 나를 지켜주셨듯이 너도 귀하게 지켜주어야 한다고 가르쳤을 것입니다.

옛날에 우리나라 어머니 중에도 믿지 않는 남편과 결혼해서 시집이나 남편으로부터 교회 나가지 말라고 하고 제사음식 차리라고 하는 등 핍박받는 분들이 많이 계셨습니다. 그런 어머니들은 아이들을 철저하게 교회에 보내시고 특히 제사를 지내야 하는 명절이 되면 제사음식을 차리지 않으려고 교회에 와서 온종일 굶으면서 기도하는 어머니들도 있었습니다. 이분들은 자녀들을 철저하게 신앙으로 가르쳤고 이 아이들은 학교 공부도 잘했습니다. 나중에 이 자녀들이 자라서 목사가 되고 교수가 되고 박사가 되어서 어머니를 핍박했던 할머니나 아버지나 고모나 삼촌들을 전도해서 예수 믿게 하는 경우가 많았습니다. 이것이 바로 핍박받은 어머니들의 복수였습니다. 라합도 여리고 여자였고 기생이었으니 얼마나 다른 여자들의 눈총을 받았겠습니까? 그 복수가 바로 보아스를 큰 신앙의 인물로 만드는 것이었습니다.

3. 룻이 무작정 나아감

하나님을 믿기 위해서 가족과 고향과 자신의 모든 미래를 다 버리고 이스라엘로 온 룻에 대하여 하나님은 큰 계획을 가지고 계셨습니다. 그러나 룻은 하나님의 계획을 알지 못했습니다. 룻은 집에서 나와서 무작정 걸었습니다. 어떤 밭은 아직 추수가 시작되지 않아서 이삭을 주울 수 없었고, 어떤 밭에는 추수하는 사람들이 귀찮다고 하면서 이삭을 줍지 못하게 했습니다. 그러던 중에 우연히 어느 밭에 가니까 이삭을 주워도 된다고 해서 이삭을 줍기 시작했는데, 그 밭은 하필이면 엘리멜렉의 친척 보아스의 밭이었습니다.

2:3, "룻이 가서 베는 자를 따라 밭에서 이삭을 줍는데 우연히 엘리멜렉의 친족 보아스에게 속한 밭에 이르렀더라"

룻은 보아스라는 사람을 알지도 못했고, 그의 밭에 가서 이삭을 주울 생각은 더더욱 하지 못했습니다. 그러나 룻이 우연히 어느 밭에 가서 이삭을 줍게 되었는데 그 밭이 바로 보아스의 밭이었던 것입니다.

이것이 하나님의 드라마의 제2막이었습니다. 하나님의 드라마 제1막은 너무나도 비참하고 소망이 없었습니다. 가장인 엘리멜렉과 두 아들은 모압 땅에서 병으로 죽어버리고 남은 세 과부는 앞으로 살아갈 길이 막막해서 좌절하였습니다. 결국 나오미는 이스라엘 땅으로 돌아올 결심을 하고, 죽어도 시어머니를 떨어지지 않겠다는 며느리 룻을 데리고 베들레헴까지 오는 내용입니다. 나오미는 이것저것을 묻는 베들레헴 사람들에게 자신들이 하나님을 떠난 것은 큰 잘못이었고, 하나님은 모압 땅까지 오셔서 우리를 고통스럽게 하셨다고 시인했습니다. 그러나 여기서 중요한 것 하나는 하나님은 택한 백성이 어디로 가든지 포기하지 아니하신다는 사실입니다. 그들이 모압 땅으로 가건, 애굽 땅으로 가건, 바다 끝까지 가더라도 하나님은 포기하지 아니하시고 따라가셔서 그들을 하나님께로 돌아오게 하시고야 마는 것입니다. 하나님의 이 열심 때문에 우리도 예수를 믿고 축복을 받습니다.

얼마 전에 제 초등학교 한 친구의 전화를 받게 되었습니다. 저는 어렸을 때 서울로 올라왔기 때문에 초등학교 친구들의 이름이나 얼굴을 거의 기억을 하지 못했습니다. 그러나 그 친구의 이름이나 얼굴은 기억했습니다. 그 친구는 저희 교회로 전화해서 만나자고 했습니다. 그 친구는 절대로 예수를 믿을 친구가 아닌데 어느 교회를 다니고 있다는 것입니다. 그 친구는 우연히 책방에 갔다가 저의 이름을 봐서 출판사에 문의해서 교회 전화번호를 알아내었다고 했습니다. 그래서 제가 그 친구에게 "너는 정말 예수 믿을 것 같지 않았는데 어떻게 예수를 믿게 되었느냐?"고 물으니까, 옛날에 어떤 친구가 자기에게 예수 믿으라고 하면서 하나님은 택한 백성을 절대로 버리지 아니하신다고 했다는 것입니다. 그는 중간에 많은 고난을 당하고 난 후 자기가 택한 백성인 것을 알고 교회를 다니게 되었다고 했습니다.

룻은 추수하는 밭까지 나오기는 했지만 가야 할 방향을 알지 못했습니다. 그러나 룻은 무작정 앞으로 나갔습니다. 왜냐하면 이 당시에도 이삭 줍는 것은 아무 밭에나 가서 주우면 되는 것이 아니었기 때문입니다. 예를 들어서 그 당시 이삭 줍는 것과 비슷한 것이 요즘 폐지 줍는 것을 생각하면 될 것입니다. 요즘 폐지 줍는 분들도 눈치가 있어야 합니다. 폐지 줍는 분들 사이에도 자기 구역이 있어서 남의 구역에 가면 안 됩니다. 그리고 또 폐지를 주우면서 주위를 깨끗하게 청소해 주면 가게 주인들이 좋아합니다.

룻은 어디로 가야 합니까? 룻은 아무것도 알지 못했습니다. 룻은 그냥 앞으로 갔습니다. 그러다가 이삭을 주울 수 없으면 다른 밭으로 갔습니다.

저는 옛날에 평신도로 있으면서 선교단체에서 성경공부도 가르치고 청소년 캠프도 하려고 생각했습니다. 그러나 아무리 기다리고 기도해도 그 길은 열리지 않았습니다. 저는 너무 화가 나서 동네를 스무 바퀴 정도 돌았습니다. 하나님은 저에게 다른 계획을 가지고 계셨습니다. 그것은 지역 교회에 목사가 되는 것이었습니다. 저는 어느 날 어떤 책을 읽고 성경을 연구하면서 제 생각을 바꾸었습니다. 즉 목회의 길을 긍정적으로 생각하고 이 길이 하나님이 기뻐하는 길일 수도 있다고 생각했습니다. 제가 신학교에 들어간 후부터 모든 일이 형통하기 시작했습니다. 그전에는 모든 길이 철저하게 막혔는데 하나님의 길과 내 길이 맞아떨어졌을 때 형통하기 시작했습니다. 그 후에는 모든 것이 저절로 되었습니다.

　하나님은 우리 모두에 대하여 멋진 계획을 가지고 계십니다. 일단 의심하지 말고 걸어가시기 바랍니다. 그러면 하나님이 우리의 길을 인도해주실 것입니다.

06

보아스의 관심

룻 2:4-9

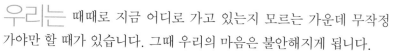 우리는 때때로 지금 어디로 가고 있는지 모르는 가운데 무작정 가야만 할 때가 있습니다. 그때 우리의 마음은 불안해지게 됩니다.

옛날 제가 서울에서 목회할 때 대구의 어느 교회에서 교사부흥회에 설교하도록 예약되어 있었습니다. 그때까지만 해도 저는 대구는 난생처음 가보는 곳이었습니다. 그래서 저를 오라고 하신 목사님이 팔달교까지 와서 어디로 빠지라고 했는데 저는 처음 와보는 길이라 그 자리를 놓쳐버렸습니다. 그러니까 길이 시내도로가 아니고 자동차 전용도로인데 좌회전도 없었고 유턴도 없이 직선만 있었습니다. 운전하면서 보니까 그 길로 계속 가면 마산이라고 나왔습니다. 저는 초조했습니다. 길을 따라가는데 다행히도 좌회전하는 곳이 있어서 거기서 빠져서 시내로 그 교회를 찾아갔습니다. 그때 부흥회에 오신 교사들은 강사를 기다리고 기다려도 안 오니까 찬송을 하나만 더 불러도 안 오면 집에 가기로 했다고 합니다. 그런데 그 마지막 찬송을 부르고 있을 때 드디어 제가 나타났습니다. 물론 시간은 많이 늦었지만 부흥회는 은혜스럽게 마칠 수 있었습니다.

우리는 때때로 인생을 살아가면서 나름대로는 열심히 살고 또 열심히 신앙생활을 하는데 계속 경제적으로 어렵고 고난만 찾아오면 내가 길을 잘못 들어선 것이 아닌가 하는 의심이 생길 때가 있습니다. 누군가 시골길을 처음 운전해 갈 때도 아무리 가도 원하는 목적지는 나오지 않고 모르는 길로만 자꾸 차가 갈 때 내가 길을 잘못 들어선 것이 아닌가 하는 불안이 생길 때가 있습니다. 그런데 조금 더 가다보니까 내가 원하던 목적지 간판이 나오면 내가 바른 길을 가고 있구나 안심을 하게 됩니다.

우리도 사실 이런 경험을 할 때가 많습니다. 학생들은 대학을 진학한 후 과연 이 학과가 내가 평생 걸어갈 길인가 하는 생각을 하기도 하고, 신학생들 중에서는 교단이나 교회에 실망하게 되면 과연 이 길이 내가 가야 할 길인지 의심이 들기도 합니다. 직장 생활하는 사람들도 회사에서 퇴직하라고 하면 과연 내가 어디에서 무슨 일을 해야 먹고 살 것인가 하는 고민을 하게 됩니다. 우리나라는 거의 대부분 사람이 자신의 미래 문제를 두고 고민하고 있습니다.

1. 열심히 보리 이삭을 줍는 룻

룻은 베들레헴에 처음 왔습니다. 그는 처녀도 아니고 과부의 몸이었습니다. 그리고 이스라엘 여자도 아니고, 이방인인 모압 여자였습니다. 룻의 동서인 오르바는 판단을 빨리해서 자기 길을 찾아서 모압으로 돌아갔습니다. 즉 오르바는 아무래도 자기 나라에 사는 것이 좋을 것 같고, 거기서 좋은 남자를 만나서 재혼해서 아기 낳고 사는 것이 자기 길이라고 생각했던 것입니다. 그러나 룻은 한 번도 살아본 적이 없는 다른 나라에 시어머니를 따라온 주제에 가진 돈이라고는 한 푼도 없었습니다. 룻은 잘못하면 이스라엘에서 멸시천대 받는 거지로 살다가 병들어 죽을 가능성도 있었습니다.

그러나 룻은 미래에 대해 걱정하느라고 시간을 허비하지 않았습니다. 왜냐하면 미래에 대하여 고민해봐야 자기가 할 수 있는 일이 아무것도 없기 때문입니다. 그리고 그에게는 신앙의 어머니인 나오미가 있었습니다. 신앙의 사람이 함께 있다는 것은 백만대군이 있는 것과 같습니다. 왜냐하면 낙심하고 침체할 때 힘을 북돋아주고 같이 기도할 수 있기 때문입니다.

룻에게는 백만대군이 있었습니다. 그 백만대군은 바로 신앙의 시어머니 나오미였습니다. 룻은 자신의 미래 문제를 비관적으로 생각하느라고 시간을 보내지 않았습니다. 그는 우선 자기가 할 일을 찾아서 나셨습니다. 그것은 바로 땅에 떨어진 보리 이삭을 줍는 일이었습니다. 그 당시 보리 이삭을 줍는 일은 쉬운 일이 아니었습니다. 이삭을 줍는 일은 온종일 허리를 굽히고 땅에 떨어진 이삭을 주워서 가지고 간 보자기 안에 넣는 것이었습니다. 그리고 보리밭에는 그늘이 없었습니다. 룻은 제일 먼저 추수를 책임지는 사람에게 여기서 떨어진 보리 이삭을 주워도 되는지 물어보고 허락을 받은 후 잠시도 쉬지 않고 추수하는 사람들 뒤를 따라가면서 땅에 떨어진 이삭을 주웠습니다. 룻은 결코 과대망상증에 빠지지 않았습니다. 룻은 일단 자기가 할 수 있는 일을 열심히 했고 다른 생각은 하지 않았습니다.

그런데 룻의 이런 모습을 베들레헴 사람들은 보지 않는 것 같았지만 사실 다 보고 있었습니다. 그 동네 사람들은 룻이 아침 일찍이 와서 이삭 줍는 것을 허락받은 후 잠시도 쉬지 않고 이삭을 줍고 있다고 했습니다. 단지 잠깐 자기 집에 가서 쉬고 온 후에도 잠시 쉬지 않고 저렇게 열심히 이삭을 줍고 있다고 강조했습니다. 이스라엘 사람들이 모압 여인들에 대하여 가지고 있는 이미지는 좋지 않았습니다. 이스라엘 백성이 절대로 잊을 수 없는 사건이 바알브올 사건입니다. 즉 이스라엘 백성이 가나안 땅에 들어오기 전에 이스라엘 백성이 모압 평지를 지나갈 때 모압 여자들은 우상의 제물을 차려놓고 이스라엘 백성을 유혹했는데, 그 날 모압 여자와 관계하고 우상의 제물을 먹고 우상에게 절해서 죽은 사람들이 이만 삼천 명이나 되었습니다. 그래서 그 후부터 이스라엘 백성은 모압 여자들을 볼 때 마치 바퀴벌레를 보거나 코로나 균을 보듯이 싫어했던 것입니다.

그러나 룻은 이스라엘 백성이 생각하고 있는 그런 모압 여자가 아니었습니다. 룻은 이스라엘 사람들보다 더 이스라엘 사람 같은 모압 여자였습니다. 요즘도 마찬가지지만 그 당시 노인을 모신다는 것은 쉬운 일이 아니었습니다. 요즘도 젊은 부부들은 어른 모시기가 싫어서 형제들끼리 싸우기도 하고 요양 병원에 넣어놓고 한 번도 찾아오지 않는 자식들도 있습니다.

옛날 청년 때 저에게 배운 자매가 있습니다. 이 자매는 지금은 권사이고 남편은 장로입니다. 남편도 옛날에 저와 성경공부를 했던 제자입니다. 그리고 그 어머니는 아주 똑똑한 분이신데 유치원 원장을 지내셨습니다. 그런데 나이는 속이지 못한다고 이 어머니에게 치매가 찾아왔습니다. 옛날에 이 어머니는 제가 고등부 전도사로 있을 때 고등부 교사를 하셨습니다. 우리는 그때 고등부를 너무 재미있게 보내었습니다. 그런데 이분에게 치매가 온 것입니다. 이 딸은 역시 달랐습니다. 아무리 힘들어도 어머니를 끝까지 자기가 모셨습니다. 그리고 어머니에게 힘이 좀 있으실 때에는 노인 유치원에 보내었습니다. 그리고 돌아가시는 순간까지 같이 있었습니다. 아무래도 노인이 교회에 가기 힘드실 것 같으니까 남편에게 교회 가지 말고 집에 있어 달라고 부탁하고 같이 있다가 돌아가셨습니다.

아마 이 당시 이스라엘 여자들도 자기가 과부가 되면 시어머니를 모시지 않고 버렸던 것 같습니다. 그러나 룻은 이스라엘 여자가 아닌데도 불구하고 끝까지 시어머니를 모시기 위해서 베들레헴까지 따라왔고, 또 시어머니와 자기가 먹을 양식을 마련하기 위해서 잠시도 쉬지 않고 다른 사람과 수다도 떨지 않고 보리 이삭만 줍고 있었던 것입니다. 왜냐하면 추수가 끝나면 더 이상 이삭을 주우려고 해도 주울 이삭이 없고 이 밭에서도 언제까지나 보리를 주울 수 있는 것이 아니기 때문입니다. 그런데 시어머니를 봉양하기 위해서 이스라엘까지 따라와서 열심히 일하는 룻의 모습은 이스라엘 사람들이 보기에도 아름다웠습니다. 그리고 사람이 보기에 아름다운 것은 하나님이 보시기에도 아름다운 법입니다.

크리스천 중에서 가장 보기에 좋지 않은 것은 자기도취에 빠지는 것입니다. 즉 나는 하나님의 자녀라는 자부심만 가지고 자기가 제일 잘났고 자기가 제일 똑똑하다고 생각하는 것은 보기가 싫습니다. 이렇게 하는 것이 바로 나르시시즘에 빠지는 것인데 이런 사람들은 아무도 상대해주지 않습니다. 왜냐하면 허공에 붕 떠있는 사람과 같기 때문입니다. 우리가 현실을 현실로 인정할 때 하나님도 우리를 도우십니다.

어떤 미군 중령은 어머니가 한국 사람인데, 어머니가 아버지와 연락이 되지 않으니까 아기를 아기의 아버지가 어디 근무하는지 알아놓았다가 미군 부대 정문 앞에 두고 사라졌습니다. 이 아이의 아버지는 아기 키우는 것을 싫어했습니다. 그런데 그 부대 중대장이 아기를 키우라고 명령했습니다. 이 아이는 자라면서 여러 나라를 다니며 멸시천대를 받았습니다. 하지만 그렇게 자라서 미군 중령이 되었고, 한국 여성과 결혼했습니다.

또 미국의 어떤 여성은 하버드 대학을 나온 사회학 박사였습니다. 그런데 그 여자의 어머니는 한국의 양공주였습니다. 그는 어머니에 대한 사회학 책을 쓰면서 우리 어머니는 위대하다고 했습니다. 그리고 어머니가 '양공주'였던 사실이 전혀 부끄럽지 않다고 했습니다. 그는 책에서 '양공주'라는 말이 한국에서는 가장 멸시 천대받는 말인 줄 알고 있다고 했습니다. 그러나 어머니는 자기에게는 가장 위대한 어머니라고 했습니다. 그들은 자신들의 현재 모습을 부끄러워하지 않았습니다. 오히려 그들은 그렇기 때문에 더 자랑스럽게 생각했고 더 위대한 삶을 살 수 있었습니다.

2. 보아스의 보호

2:4, "마침 보아스가 베들레헴에서부터 와서 베는 자들에게 이르되 여호와께서 너희와 함께 하시기를 원하노라 하니 그들이 대답하되 여호와께서 당신에게 복 주시기를 원하나이다 하니라"

드디어 보아스는 추수하는 모습을 보기 위해서 보리밭을 찾아왔습니다. 보통 사람 같으면 추수하는 사람들이 추수해놓은 보릿단이 몇 개가 되는지 헤아려 볼 것입니다. 그리고 수확이나 이익을 계산할 것입니다. 그리고 추수하는 사람들 뒤에서 떨어진 이삭을 줍는 가난하고 귀찮은 여자들에 대해서는 아무런 관심도 없을 것입니다.

그런데 역시 보아스는 달랐습니다. 그는 추수꾼들이 추수해서 쌓아놓은 보릿단보다는 뒤를 따라오면서 떨어진 이삭 줍는 여자들을 먼저 보았습니다. 왜냐하면 보아스는 자기가 부자가 되는 것보다는 가난한 자들이 굶지 않는 것에 더 관심이 많았기 때문입니다. 그때 몇 명이나 되는 여자들이 이삭을 주웠는지 알 수 없지만 한 젊은 여성이 쉬지도 않고 추수꾼을 따라가면서 보리 이삭을 줍는 모습을 보았습니다. 아마 이 당시에 젊은 여성들은 창피해서 보리 이삭을 잘 줍지 않았던 것 같습니다. 그런데 젊은 여성이 부끄럼도 타지 않고 열심히 보리 이삭을 줍는 모습을 보고 보아스는 저 여자가 어떤 여자인지 알고 싶었습니다. 이것은 하나님이 주신 관심과 마음이었습니다.

보아스는 추수하는 사환에게 "저 소녀는 누구냐?"고 물어보았습니다. 그랬더니 그 사환은 "나오미와 함께 모압에서 온 젊은 여자인데 얼마나 예의가 바른지 먼저 보리 이삭을 주워도 되는지 허락을 받고 난 후에는 저렇게 쉬지도 않고 부지런히 지금까지 이삭을 줍고 있습니다. 중간에 딱 한 번 집에 가서 쉬고 온 것밖에 없습니다"라고 대답했습니다.

룻이 하는 행동을 베들레헴 사람들이 다 보고 있었습니다. 오늘 우리 크리스천이 하는 행동도 세상 사람들은 모르는 것 같지만 다 보고 있습니다. 즉 점심시간에 식사기도를 하는지, 술을 마시는지, 교회는 빠지지 않는지, 회사 일을 정말 말없이 열심히 하는지 다 보고 있는 것입니다. 그래서 말로는 예수 믿는다고 하면서 요령만 피우고 술도 마시고 일도 제대로 하지 않는다면 엉터리 신자라고 말할 것입니다.

보아스는 종의 말을 듣고 어떻게 해서든지 룻이 안전하게 이삭을 주울 수 있도록 도와주고 싶었습니다.

그래서 보아스는 이삭을 줍는 룻에게 가서 이야기했습니다. "너는 여기서 이삭을 많이 주웠다고 미안해서 딴 밭에 가지 마라. 내 밭이

크니까 계속 내 밭에서 보리 이삭을 주워라. 그리고 아무리 이스라엘이라 하더라도 나쁜 남자들이 있다. 그래서 내가 우리 밭에 추수하는 남자 아이들에게 너를 건드리지 말라고 얘기해 두었으니까 걱정하지 말라"고 했습니다. 아마 이때만 해도 이스라엘 남자들 중에 불량배들이 있어서 이방 여자 같은 경우에는 여러 명이 성추행하는 일도 있었던 것 같습니다.

그런데 이곳에서 가장 중요한 문제는 물을 마시는 것이었습니다. 보리를 추수할 때는 더운 여름이어서 땀도 많이 흐르고 목도 마른데 이스라엘은 우물이 아주 먼 데 있었습니다. 그래서 만약 룻이 목이 말라서 물 마시러 우물을 찾다가 불량배들에게 붙들릴 수 있는 것입니다. 아마 룻이 집에 잠깐 갔던 것도 화장실에도 가고 얼굴도 씻고 물을 마시러 갔던 것 같습니다.

2:9, "그들이 베는 밭을 보고 그들을 따르라 내가 그 소년들에게 명령하여 너를 건드리지 말라 하였느니라 목이 마르거든 그릇에 가서 소년들이 길어 온 것을 마실지니라 하는지라"

이에 보아스는 룻에게 가장 중요한 도움을 주었습니다. "목이 마르거든 우물을 찾아가지 말고 여자아이들이 길러놓은 물이 있는데 그것을 마시도록 해라. 내가 여자아이들에게 친구처럼 잘 대해주라고 이야기해 놓을 테니까 아무 걱정도 하지 마라"고 했습니다.

그렇다고 해서 보아스는 룻에게 더 이상의 친절은 베풀지 않았습니다. 즉 시어머니와 살 수 있는 방을 마련해 준다든지 혹은 보리 이삭을 줍지 않아도 되도록 내가 몇 섬을 주겠다는 식으로 말하지 않았습니다. 왜냐하면 이것은 인간적인 사랑이고 덕이 되는 것보다는 다른 사람에게 오해를 줄 소지가 많았기 때문입니다. 사람들은 다른 사람의 행동을 볼 때 좋은 쪽으로만 보지 않습니다. 오히려 나쁜 쪽으로 보는 사람들이 반드시 있습니다. 보아스가 젊은 모압 여자에게 마음이 있다든지 혹은 그 여자를 유혹하려고 한다든지 하는 오해가 생길수 있었기 때문입니다. 그래서 보아스는 자기가 할 수 있는 범위 안에서 표시나지 않게 도왔던 것입니다. 왜냐하면 그래야 룻이나 나오미에게 부담이 되지 않기 때문입니다. 룻은 자기 할 일을 열심히 했고, 보아스는 이런 룻을 귀하게 생각하고 자기가 도울 수 있는 범위 안에서 보호해주려고 했습니다.

3. 룻이 가진 확신

사람들은 어려움이 계속되면 자신의 믿음이 의심 가고 길을 잘못들었기 때문에 이렇게 힘들게 산다고 생각할 때가 많습니다. 그래서 '나는 언제부터 길을 잘못 들었을까, 내 신앙은 언제부터 빗나가기 시작했을까?' 하는 것을 두고 고민을 많이 합니다. 그때 우리가 하나님의 말씀을 들으면 어떤 때 지금 내가 고생하지만 바른 믿음의 길을 가고 있다는 것이 확인될 때가 있습니다. 즉 나는 지금 바른 길을 가고 있는 것입니다. 단지 아직 목표에 도달하지는 못했지만 이 길을 계속가기만 하면 축복의 길을 가게 된다는 것을 확인하게 됩니다. 그때 사람들은 감격의 눈물을 흘리게 되고 모든 걱정은 다 물리치게 됩니다.

2:10-11, "룻이 엎드려 얼굴을 땅에 대고 절하며 그에게 이르되 나는 이방 여인이거늘 당신이 어찌하여 내게 은혜를 베푸시며 나를 돌보시나이까 하니 보아스가 그에게 대답하여 이르되 네 남편이 죽은 후로 네가 시어머니에게 행한 모든 것과 네 부모와 고국을 떠나 전에 알지 못하던 백성에게로 온 일이 내게 분명히 알려졌느니라"

룻은 보아스에게 절을 하면서 나는 이방 여자에 불과할 뿐 아니라 당신의 여종보다 못한 여자인데 어떻게 나 같은 것에게까지 관심을 가지시느냐고 말했습니다. 사실 우리는 이런 경우가 상당히 많습니다. 우리 자신은 스스로를 아주 낮게 평가하고 아무도 나를 모를 것이라고 생각하는데 어떤 유명한 목사님이나 교수님이 길에서 나를 아는 체한다면 기분이 굉장히 좋아지게 됩니다.

보아스는 룻을 위로하고 격려했습니다. 그런데 이 말이 룻에게는 너무나도 필요한 내용이었습니다. 보아스는 룻에게 "나는 네가 보통 모압 여자와 다르다는 것을 알고 있다. 네가 네 남편이 죽고 난 후에도 과부로서 어떻게 시어머니에게 잘 해주었으며 드디어 네가 하나님을 믿기 위해서 부모와 고국을 떠나서 알지도 못하는 이스라엘에 온 것을 알고 있다"고 했습니다. 그리고 "하나님의 날개 아래 보호를 받기 위해서 이 먼 곳까지 온 너를 하나님은 온전한 상을 주실 줄 안다"고 했습니다. 이것은 어느 누구도 알지 못하는 룻의 마음속에 들어있는 진심이었습니다.

우리가 이 세상에서 체험할 수 있는 기적들이 많이 있습니다. 그 많은 기적 중에서 가장 수준 높은 기적은 바로 하나님의 뜻이 사람의 말을 통해서 내 귀에 들리고 그것이 나의 지금 형편이나 처지와 정확하게 일치하는 것입니다. 이것이 말하는 것이 무엇입니까? 지금 나의 미래를 알지 못하지만 적어도 바른 길을 걸어가고 있다는 뜻입니다. 즉 지금 고생은 하고 있지만 내 신앙은 아무 이상이 없다는 뜻입니다. 나는 지금 바른 길을 가고 있으며 이 길을 계속 가기만 하면 목적지가 나오게 되는 것입니다.

언젠가 한번 어느 교회에서 설교를 마치고 나가는데 한 여성이 얼굴에 눈물범벅이 되어서 저에게 다가왔습니다. 그리고 저에게 감사하다고 하면서 "저는 다른 것은 몰라도 내 신앙 하나는 바른 길을 가고 있다는 것을 확인했습니다"라고 했습니다. 그리고 그다음 날 그 여인은 자기 집에 있는 샴푸와 세제를 다 가지고 와서 저에게 주면서 지금 자기가 드릴 수 있는 것은 이것밖에 없다고 했습니다. 저는 그 무거운 샴푸와 세제를 들고 여러 곳을 다니느라 엄청나게 고생했습니다.

룻은 하나님을 믿기 위해서 민족과 국가를 버렸습니다. 그리고 그는 하나님의 날개 아래서 보호받기를 원했습니다. 보아스는 바로 여리고 성의 기생 라합의 아들이었습니다. 보아스는 자기 어머니 이야기를 많이 들었습니다. 하나님은 어머니를 여리고 성이 망하는 가운데서 살려주셨습니다. 하나님은 어머니가 이방 여인이고 기생이라고 무시당하지 않게 하셨습니다. 하나님은 기생 라합에게 살몬이라는 멋진 이스라엘 남자와 결혼하게 하셔서 아이까지 낳게 하셨습니다. 기생 라합은 아이를 낳음으로 당당한 이스라엘 사람이 되었습니다. 그뿐만 아니라 라합은 이스라엘의 왕 다윗의 할머니의 할머니가 되었습니다.

2:12-13, "여호와께서 네가 행한 일에 보답하시기를 원하며 이스라엘의 하나님 여호와께서 그의 날개 아래에 보호를 받으러 온 네게 온전한 상 주시기를 원하노라 하는지라 룻이 이르되 내 주여 내가 당신께 은혜 입기를 원하나이다 나는 당신의 하녀 중의 하나와도 같지 못하오나 당신이 이 하녀를 위로하시고 마음을 기쁘게 하는 말씀을 하셨나이다 하니라"

여기서 '온전한 상'이라는 것은 필요한 모든 것을 다 주신다는 뜻입니다. 하나님은 하나도 부족함이 없게 하실 뿐 아니라 이스라엘의 가장 존귀한 여인으로 만들어주신다는 뜻입니다. 우리는 자신의 현재 형편만 보시고 비관하거나 낙심하지 마시기 바랍니다. 바른 길로만 걸어가면 하나님이 온전한 상을 주실 줄 믿습니다.

07

0.1퍼센트의 가능성

룻 2:14-20

서울에서 사역할 때 한 할머니가 머리도 아프고 눈도 안 보인다고 해서 큰 대학 병원에 가서 MRI를 찍어보니까 뇌에 큰 종양이 있는 것으로 나타났습니다. 병원에서는 그 할머니에게 수술하면 생존확률이 50프로라고 이야기해줬습니다. 이 할머니는 저에게 와서 수술비도 걱정이 되고 수술해 봐야 살 가능성이 50퍼센트라고 하는데 수술하면 무슨 소용이 있겠느냐고 하면서 그냥 살 때까지 살다가 죽겠다고 했습니다. 그 말을 듣고 저는 그 할머니에게 50프로라는 것이 얼마나 높은 확률인지 모른다고 하면서 수술하시라고 권면해 드렸습니다. 그 할머니는 제 말에 용기를 내어서 뇌수술을 받았는데 조금 위기는 있었지만 수술에 성공해서 그 후 15년을 건강하게 사시다가 돌아가셨습니다. 그 할머니는 저에게 수술을 받기 전에 용기를 주어서 감사하다고 했습니다.

우리에게 아주 작은 가능성이 있다는 것은 굉장한 희망입니다. 그러나 이 세상 사람들은 100퍼센트의 가능성이 없으면 아예 시도해 볼 생각도 하지 않고 포기해버리는 모습을 종종 보게 됩니다.

어느 서울대 교수가 《0.1그램의 희망》이라는 책을 썼습니다. 그분은 지질학교 교수였는데, 미국에 현지답사를 갔다가 타고 있던 지프차가 뒤집히면서 목뼈가 부러져 전신마비가 되었습니다. 그 사고로 같이 갔던 대학원생 여자 조교는 죽었습니다. 그는 전신마비가 되어서 학교에서 강의할 수도 없었습니다. 그런데 어느 교수가 그에게 1억 원을 주면서 재활 훈련을 하라고 했습니다. 이 교수는 거기에 용기를 내어서 열심히 재활 훈련을 한 결과 한쪽 팔과 손가락을 움직이는 데 성공했습니다. 그는 영국의 스티브 호킹처럼 휠체어 타고 마이크를 써서 강의할 수 있게 되었습니다.

그러던 중 어느 날 학교 교정에 휠체어를 타고 앉아 있는데 새 깃털이 날아와서 무릎에 떨어졌다고 합니다. 그는 이 깃털을 가지고 강의실에 가서 저울에 무게를 달아보니까 0.1그램이 나왔습니다. 그에게 주어졌던 희망은 0.1그램의 희망이었습니다. 그 희망이 그를 다시 살렸고 강의를 하게 되었습니다. 그리고 나중에 사고 당시 지프차의 결함이 발견되어 소송을 한 결과 30억 원의 돈을 받게 되었다고 합니다. 그리고 그가 쓴 책 《0.1그램의 희망》은 베스트셀러가 되었습니다.

때로는 우리가 성공할 수 있는 가능성이 0.1퍼센트밖에 안 될 때도 있습니다. 그러나 하나님은 문을 두드리라고 말씀하셨습니다. 예수님은 문을 두드리는 자에게 열릴 것이라고 말씀하셨습니다.

시어머니 나오미와 며느리 룻은 둘 다 과부가 되어서 베들레헴에 돌아왔습니다. 그들에게는 집도 없고 밭도 없고 돈도 없고 양식도 없고 환영해 주는 사람도 없었으므로 그들이 베들레헴에서 오래 살 수 있는 가능성은 0.1퍼센트도 되지 않았습니다. 그러나 그때는 마침 베들레헴이 추수하는 때여서 그들은 밭에 떨어진 보리 이삭을 주워서 한 달 정도는 살 수 있었습니다. 그래서 룻은 보리 이삭을 주울 수 있을 때 열심히 주웠습니다. 왜냐하면 조금이라도 더 주워야 그나마 버틸 수 있었기 때문입니다. 그러나 나오미와 룻은 가능성이 0.1퍼센트도 되지 않는 인생을 살아내었습니다.

1. 하나님의 날개

우리가 어렸을 때는 어미 닭이 날개 밑에 달걀을 품어서 나중에 병아리가 나오는 모습을 많이 보았습니다. 그리고 어미 닭은 병아리들을 데리고 다니면서 모이도 먹게 하고 물도 마시게 하다가 개나 고양이가 오면 병아리들을 불러서 날개 아래 감춥니다. 그때 개나 고양이가 멋도 모르고 병아리를 괴롭히러 왔다가는 혼이 납니다. 어미 닭이 얼마나 사납게 변하는지 개나 고양이도 놀라서 도망갑니다. 그리고 밤이 되면 어미 닭은 병아리들을 전부 날개 아래 불러 모아서 따뜻하게 자게 해줍니다. 저는 어렸을 때 어미 닭의 날개 밑이 얼마나 따뜻할까 해서 그 안에 손을 넣어보았습니다. 그랬더니 그 속은 정말로 따끈따끈하고 조금도 차지 않았습니다.

보아스는 자기 밭에서 보리 이삭을 줍는 룻을 격려했습니다. 이것은 그냥 부자가 하는 격려가 아니라 하나님이 룻에게 주시는 귀한 말씀이었습니다. 룻은 보아스의 입을 통해서 하나님의 말씀을 들었던 것입니다. 보아스는 룻이 남의 밭에 와서 추수하는 모습을 보고 그녀가 일을 방해하는 가난뱅이가 아니라 어머니를 봉양하기 위하여 민족과 친척과 부모와 종교까지 버리고 온 귀한 사람이라고 생각했습니다. 그리고 룻이 이스라엘에 온 것은 하나님의 날개 아래 보호를 받으러왔다고 말했습니다.

2:12, "여호와께서 네가 행한 일에 보답하시기를 원하며 이스라엘의 하나님 여호와께서 그의 날개 아래에 보호를 받으러 온 네게 온전한

사실 룻은 하나님의 날개 같은 것은 생각해 보지도 못했습니다. 단지 룻은 시어머니 나오미를 통하여 지금까지 한 번도 본 적이 없던 하나님의 세계를 보았던 것입니다. 나오미는 이스라엘을 떠나왔지만 그의 마음속에는 이스라엘이 있었습니다. 룻은 일단 나오미와 같은 성품을 가진 어른을 본 적이 없었습니다. 룻이 보기에 시어머니 나오미는 모압 여인과 달리 품위가 있었고 고귀함이 있었고 정직했습니다. 룻은 나오미가 하나님께 기도하는 모습을 자주 보았습니다. 그리고 룻은 나오미를 통하여 믿음의 조상 아브라함의 이야기를 들었고 천사와 씨름하던 야곱이나 애굽에 종으로 팔려갔던 요셉의 이야기도 들었습니다. 또 모세의 이야기도 들었고 홍해가 갈라진 기적이나 큰 바위에서 엄청난 물이 쏟아져 나온 이야기도 들었습니다. 여호수아가 요단강을 건너가서 여리고를 멸망시킨 이야기도 들었고 기생 라합의 구원받은 이야기도 들었습니다. 드보라 이야기도 들었고 입다 이야기도 들었고 기드온 이야기도 들었고 삼손 이야기도 들었습니다.

룻에게 있어서 하나님의 세계는 완전히 새로운 세계였고 어마어마한 능력을 가진 세계였습니다. 룻은 시어머니를 따라서 그 신기한 나라에 직접 가보고 싶었습니다. 그런데 보아스는 룻이 하나님의 날개 아래 보호를 받으러 왔다고 말을 하는 것이 아닙니까. 룻은 자기가 감히 하나님의 날개 밑에 들어가서 보호받는다는 생각은 절대 하지 못했습니다. 어미 닭이 병아리를 품을 때 자기 새끼만 품지, 다른 새끼까지 품겠습니까?

그러나 이스라엘 역사를 보면 정말 이상한 일들이 계속 일어나고 있었습니다. 어미 닭은 분명히 병아리들을 품으려고 하는데 병아리들이 그것을 싫어한다는 것입니다. 어미 닭이 병아리를 품으려고 아무리 선지자들을 보내고 사사들을 보내어서 불러도 병아리들은 나무로

만든 새를 찾아가고 돌로 만든 새를 찾아가서 그 밑에 있었습니다. 그
래서 나무나 돌로 만든 새를 어미인 줄 알고 그 밑으로 찾아간 병아리
들은 모두 얼어 죽었습니다. 그러나 룻은 병아리가 아니었습니다. 룻
은 모압 여인이기 때문에 어쩌면 참새 새끼인지 모릅니다. 그러나 룻
은 시어머니를 통해서 하나님의 놀라운 세계를 보고는 이스라엘이 너
무 좋아서 아무 대책도 없이 이스라엘로 찾아왔습니다. 그런데 그것
은 사실 어미 닭의 날개 밑으로 찾아온 것이었습니다. 하나님께서는
병아리는 아니지만 너무나도 이 세상이 춥고 무서워서 하나님의 날개
아래로 찾아온 참새 새끼를 내쫓지 않고 품어주셨습니다. 그리고 이
참새 새끼를 진짜 병아리로 생각하셔서 온전한 하나님 나라의 상을
주실 것이라고 말씀하셨습니다.

하나님 나라의 온전한 상은 무엇일까요? 그것은 룻은 생각하지도
못했던 아름다운 미래를 말합니다.

언젠가 한번 바닷가에 가보니까 호텔 안에 참새 새끼가 한 마리 들
어와 있었습니다. 그런데 이 참새 새끼는 창문이나 입구나 문이 유리
로 되어 있으니까 출입문을 찾지 못해서 자꾸 유리에 머리를 부딪치
고 있었습니다. 저는 그 참새 새끼를 손에 들고 호텔 밖에 나가서 숲
에 놓아주었습니다. 처음에는 참새 새끼가 충격을 많이 받았는지 잘
날지도 못했습니다. 그러다가 정신이 좀 들었는지 나무들 위로 날라
가기 시작했습니다.

사실 룻이 하나님의 날개를 찾아간 것이 아니었습니다. 하나님의
날개는 너무나도 커서 모압 땅에 있는 룻과 나오미를 거기까지 뻗으
셔서 그들을 하나님의 품으로 데리고 오셨던 것입니다. 룻은 보아스
의 이야기를 듣고 너무 기뻤습니다. 룻은 자기가 감히 하나님의 날개
밑에 들어가리라고는 생각하지도 못했는데 시어머니를 따라와 보니
까 거기가 하나님의 날개 밑이었던 것입니다. 이 세상이 아무리 악하
고 위험해도 하나님의 날개 밑은 따뜻하고 안전합니다. 우리가 하나

님의 말씀을 듣고 이 말씀 안에서 사는 것은 하나님의 날개 아래 있는 것입니다.

이번 하마스와의 전쟁에서 이스라엘은 자신들이 철통같이 만들어 놓은 아이언 돔을 믿었습니다. 이 아이언 돔은 팔레스타인에서 미사일을 쏘면 이스라엘도 미사일을 쏘아서 공중에서 그 미사일을 폭파하는 시스템이었습니다. 이스라엘은 팔레스타인 쪽에서 아무리 미사일을 쏘아도 90퍼센트 정도는 다 떨어트릴 수 있다고 자신했습니다. 그러나 이번에 이스라엘의 그 날개는 완전히 뚫리고 말았습니다. 하마스가 5천발의 미사일을 한꺼번에 쏘니까 그 아이언 돔은 전혀 효력을 발휘하지 못했습니다.

우리에게는 하나님의 날개가 있습니다. 아람 군대가 엘리사가 있는 도단성을 멸망시키려고 밤에 포위했을 때 엘리사의 사환은 죽는 줄 알고 절망에 빠졌습니다. 그러나 엘리사가 하나님께 이 사환의 눈을 열어달라고 간구하니까 온 성을 빽빽하게 에워싸고 있는 하나님의 불말과 불병거를 볼 수 있었습니다. 우리가 하나님의 불말과 불병거를 보지 못한다면 북한의 핵무기 때문에 불안해서 하루도 살지 못할 것입니다.

크리스천들은 자꾸 모여야 합니다. 왜냐하면 우리의 모임 가운데 하나님의 날개가 펼쳐져 있기 때문입니다. 이제 룻은 더 이상 추운 세상에 혼자 있는 것이 아니었습니다. 룻은 하나님의 날개 아래 있었습니다. 하나님이 나가서 모이를 먹으라고 하시면 나가서 먹고 또 물도 마시고, 하늘에 솔개가 있고 개가 오니까 빨리 날개 아래로 모이라고 하면 빨리 달려와서 날개 밑에 숨으면 되는 것입니다.

2. 모압 여인과의 식사

　우리는 이번에 팔레스타인과 유대인들의 적대감이 얼마나 심한지 볼 수 있었습니다. 하마스 군인들은 유대인 농장을 습격해서 그 안에 있는 사람들을 다 죽였고 심지어는 아이들까지도 전부 다 죽였습니다. 심지어 아이를 참수시킨 시체도 있었다고 발표했습니다. 그런데 룻 당시에도 모압 사람과 암몬 사람 그리고 이스라엘 사람들 사이에는 이런 적대감이 있었습니다. 사울이 왕이 되었을 때 암몬 사람들은 얼마나 이스라엘 사람들이 미웠든지 오른쪽 눈알을 다 뽑아야 항복을 받아주겠다고 했습니다. 또 하나님은 사울 왕이 아말렉을 칠 때 남자, 여자, 어린아이, 짐승들까지 다 진멸하라고 했습니다. 왜냐하면 독사의 새끼들도 독사이기 때문입니다.

　2:14, "식사할 때에 보아스가 룻에게 이르되 이리로 와서 떡을 먹으며 네 떡 조각을 초에 찍으라 하므로 룻이 곡식 베는 자 곁에 앉으니 그가 볶은 곡식을 주매 룻이 배불리 먹고 남았더라"

　그런데 놀랍게도 식사하게 되었을 때 보아스는 룻을 자기들이 식사하는 곳에 오게 했습니다. 그리고 놀라운 것은 자기들이 떡을 찍어 먹는 초에 룻도 떡을 찍어서 먹게 한 것입니다. 우리는 외부인들과는 초나 초간장을 절대로 같이 찍어 먹지 않습니다. 우리나라 사람들은 된장찌개라든지 다른 반찬들을 같은 그릇에 두고 먹기 때문에 외국 사람들은 비위생적이라고 말합니다. 그러나 우리가 같은 식구끼리 먹을 때는 같은 국그릇에 수저를 넣어서 먹어도 외부인들은 따로 그릇에 담아서 줍니다. 그런데 그 당시 이스라엘 사람들은 절대 모압이나 암몬 사람들과는 같은 초에 떡을 찍어서 먹는 법이 없었습니다. 그리고 심지어 보아스는 자기들만 먹어야 하는 볶은 곡식을 룻에게 배부를 정도로 그릇에 담아주었습니다.

우리 상식으로는 절대로 이스라엘 사람이 이방인과 같이 식사를 하지 않습니다. 더욱이 땅에 떨어진 보리 이삭을 줍기 위해서 온 이방 여자를 불러서 같은 그릇에 있는 초를 찍어서 떡을 먹으라고 하고, 심지어 자기들이 먹으려고 준비한 볶은 곡식을 줄 리가 없습니다. 아마도 보아스가 이렇게 할 수 있었던 것은 그가 베들레헴의 유력한 지도자였기 때문에 가능했던 것 같습니다. 아마 다른 사람이 이렇게 이방인을 불러서 같이 식사했으면 분명히 유대인들이 그를 비난했을 것입니다. 더욱이 직접 입이 닿는 초를 같은 그릇에서 찍어서 먹었다면 더 싫어했을 것입니다.

옛날에 포장마차에서 어묵을 파는데 가보면 긴 대나무에 어묵을 꽂아서 뜨거운 어묵 국물에 담가 놓습니다. 그러면 손님은 어묵을 파는 장사에게 얼마치 달라고 한 후에 서서 대나무에 꽂힌 어묵을 먹는데 같은 종지에 있는 간장에 찍어먹었습니다. 그리고 따뜻한 국물을 마셔야 할 때는 어묵이 담겼던 그릇에 있는 국물을 다 같이 국자 같은 것으로 퍼마셨습니다. 그런데 요즘은 많이 위생적이 되어서 간장도 따로 주고 국물도 따로 그릇에 담아 준다고 합니다. 그런 것을 보면 우리나라도 많이 위생적이 되었다고 볼 수 있습니다. 그런데 보아스는 룻에게 직접 입으로 들어가는 떡을 같은 식구들이 아니면 찍어 먹지 않는 초에 찍으라고 했습니다. 그리고 룻에게 준 가나안 땅의 볶은 곡식은 아주 귀한 별미였습니다. 보아스는 이 맛있는 별미를 룻이 배부르도록 주고 더 주었던 것입니다.

이것을 보면 예수님이 말씀하신 것이 생각납니다. 예수님께서는 마태 같은 세리에게 "나를 따라오너라"고 하시니까 마태는 세리 일을 당장 그만두고 예수님을 따랐습니다. 그리고 마태는 예수님을 따라가기 전에 큰 잔치를 열어서 자기 친구 세리들을 다 불렀습니다. 세리만이 아니라 그 당시 유대인들로부터 죄인 취급당하던 장애인들이나 노숙자들도 다 불렀습니다. 그리고 그들은 예수님을 중심으로 모두 비스듬히 누워서 떡을 먹으면서 예수님의 말씀을 들었습니다. 세리들은 예수님에게 물어볼 것이 많았습니다. 과연 세리들도 예수님을 믿으면 천국 갈 수 있는지 그리고 이 세상에서 음란한 죄를 많이 지은 창녀라든지 또 귀신 들린 자라든지 사생아 같은 사람들도 예수 믿으면 천국 갈 수 있는지 물어볼 것이 많았습니다. 예수님께서는 그들과 식탁의 교제를 나누시면서 그들의 질문에 일일이 대답해 주셨습니다. 그 대답은 누구든지 예수를 믿기만 하면 구원을 받는다는 것이었습니다.

그때 예수님께서 죄인들과 함께 식사하는 광경을 보고 유대인들은 기겁했습니다. 왜냐하면 유대인들은 이런 죄인들과는 접촉만 해도 죄가 자기들에게 옮겨진다고 생각했고, 그들과 같이 비스듬히 누워서 음식을 먹으면 완전히 죄에 감염된다고 생각했기 때문입니다. 즉 입으로 들어가는 것을 같이 먹으면 이것은 완전히 죄가 섞어버린다고 생각했던 것입니다.

그러나 예수님은 세리나 노숙자나 장애인들을 초청해서 식사하심으로 그들을 천국으로 초청하셨습니다. 예수님께서는 유대인들에게 세리나 창녀들이 너희들보다 먼저 천국에 들어갈 것이라고 말씀하셨습니다. 왜냐하면 이들은 적어도 위선적이지는 않았기 때문입니다. 그들은 모두 예수님 앞에서 솔직했습니다. 이런 의미에서 보아스가 룻을 식사에 초대한 것은 자기 생각으로 한 것이 아닌 것 같습니다. 즉 하나님께서 보아스에게 강한 감동을 주셨던 것입니다. 마음속에 '모압 여인 룻을 불러서 같이 식사하라. 초도 같이 찍어먹으라. 볶은 곡식도 많이 주어라' 는 강한 성령의 감동이 있었던 것입니다.

결국 이것은 천년의 세월이 지난 후 예수님을 통해서 그 실체가 드러나게 됩니다. 예수님은 죄인들을 찾아오셨고 그들과 함께 식탁의 교제를 나누었던 것입니다. 예수님의 제자 베드로는 이방인과 같이 식사하다가 예루살렘에서 온 유대인들이 비난하니까 얼른 식사를 중단했습니다(갈 2:11-14). 그것을 보고 사도 바울은 베드로를 책망했습니다. 즉 왜 위선적인 행동을 하느냐는 것이었습니다.

보아스는 룻과 식사를 한 후 더 바보가 되었습니다. 그는 추수하는 일꾼들에게 지시했습니다. 저 이방 여자가 떨어진 보리 이삭을 줍는다고 너무 바짝 따라와도 귀찮다고 쫓아내지 말라고 했습니다. 더 놀라운 것은 보아스가 추수하는 일꾼들에게 추수하면서 이삭을 일부러 몇 단에서 빼서 땅에 버리라고 명령했다는 것입니다. 왜냐하면 보아스는 룻이 조금이라도 보리를 더 많이 주워서 가기를 원했기 때문입니다.

2:15-16, "룻이 이삭을 주우러 일어날 때에 보아스가 자기 소년들에게 명령하여 이르되 그에게 곡식 단 사이에서 줍게 하고 책망하지 말며 또 그를 위하여 곡식 다발에서 조금씩 뽑아 버려서 그에게 줍게 하고 꾸짖지 말라 하니라"

이삭을 줍는 데도 원칙이라는 것이 있었습니다. 우선 이삭을 줍는 여인은 추수하는 사람과 거리를 두어야 했습니다. 그렇게 하지 않으면 추수하는데 방해되고 일이 지연되기 때문입니다. 그래서 이삭을 줍는 여인들은 추수꾼으로부터 열 걸음 정도 뒤에 떨어져서 이삭을 주워야 했습니다. 그리고 이삭을 줍는 여인들은 이삭 머리만 주워야지, 줄기가 붙어 있는 것은 주인이 묶어서 탈곡해야 하기 때문에 주워서는 안 되었습니다. 그러나 보아스는 추수꾼들에게 줄기가 있는 것도 전부 단으로 묶지 말고 뽑아서 밭에 버리라고 명령했습니다. 이것은 순전히 룻을 위해서 하는 것이었습니다. 이것은 완전히 바보가 하는 짓이었습니다. 그러나 보아스는 하나님의 날개 아래 찾아온 룻을 위해서 기꺼이 바보가 되기를 원했습니다. 즉 룻이 모르도록 바보짓을 해서 룻을 돕자는 것이었습니다. 그래서 룻은 보통 보리 이삭을 줍는 사람들보다 몇 배나 많이 줍게 되었습니다.

3. 나오미의 생각

　룻은 저녁에 일을 모두 마쳤을 때 대만족이었습니다. 왜냐하면 이상하게 땅에 떨어진 보리 이삭이 많아서 다른 사람들보다 훨씬 많이 주웠을 뿐만 아니라 보아스가 볶은 곡식을 많이 주어서 배부르게 먹고도 시어머니에게 드릴 것이 남아 있었기 때문입니다. 보통 남자아이들은 어디에 가서 햄버거 같은 것을 먹으면 혼자 다 먹지만 여자아이들은 절대로 다 먹지 않습니다. 엄마 먹을 것이라고 해서 반 정도는 잘라서 종이에 싸옵니다. 이런 것을 보면 여자아이들은 먹을 때 엄마 생각을 많이 하는 것 같습니다.

　룻은 저녁에 그날 주운 보리 이삭을 빻아보니까 한 에바가 되었습니다. 이것은 한 말 정도 되는 분량이고, 이 정도의 이삭을 주웠다는 것은 그날은 엄청나게 운이 좋았다는 뜻입니다. 그래서 룻은 그 주운 이삭을 머리에 이고 볶은 곡식도 보따리에 넣어서 당당하게 집에 돌아갔습니다. 그리고 시어머니에게 "어머니, 볶은 곡식을 누가 주던데요. 좀 드셔보세요. 오늘 그리고 떨어진 보리 이삭이 얼마나 많은지 이 정도 이삭을 주워가지고 왔습니다."라고 하며 신나게 보고했습니다.

　2:19, "시어머니가 그에게 이르되 오늘 어디서 주웠느냐 어디서 일을 하였느냐 너를 돌본 자에게 복이 있기를 원하노라 하니 룻이 누구에게서 일했는지를 시어머니에게 알게 하여 이르되 오늘 일하게 한 사람의 이름은 보아스니이다 하는지라"

룻은 그날 자기가 주워 온 보리만 생각했습니다. 그러나 나오미는 룻이 주워온 보리만 생각하지 않았습니다. 물론 나오미도 인간이기 때문에 첫날부터 며느리가 이렇게 많은 이삭을 주워오고 자기가 먹을 볶은 곡식까지 가지고 오니까 기뻤을 것입니다. 그러나 나오미는 생각했습니다. 요즘 이스라엘에 이렇게 다른 사람에게 관대한 사람이 없는데 도대체 어떤 이스라엘 사람이 이렇게 우리에게 관대할 수 있을까? 생각을 했습니다. 나오미는 신앙적으로 성숙한 사람이기 때문에 보리를 많이 주워오고 볶은 곡식 가져온 것으로 만족하지 않았던 것입니다. 나오미는 이런 일을 통해서 하나님의 뜻을 알기를 원했습니다. 그래서 나오미는 룻에게 "네가 누구 밭에 가서 이삭을 주웠기에 이렇게 많은 이삭을 주웠느냐?"고 물으니까 룻은 "보아스라는 아저씨입니다"라고 대답했습니다. 나오미는 보아스가 이 모든 일을 뒤에서 조종했다는 사실을 알았습니다. 즉 룻이 부지런해서 보리 이삭을 많이 줍고 룻이 잘나서 볶은 곡식을 얻은 것이 아니라 하나님께서 보아스에게 감동 주셨다는 사실을 깨달았던 것입니다.

나오미는 보아스가 죽은 자와 산 자 모두에게 은혜를 베풀었다고 했습니다. 산 자는 자신들이고, 죽은 자는 남편과 아들들입니다. 그래서 갑절로 이삭을 줍게 했다는 것입니다. 여기서 나오미는 그 누구도 꿈에 생각하지 못했던 것을 생각했습니다. 그것은 혹시 여기에 하나님의 뜻이 있을 줄 모른다는 것이었습니다. 지금까지 나오미는 자기 아들 외에는 룻과 재혼할 사람이 없다고 생각했습니다. 그런데 다시 생각을 해보니까 하나님이 감동을 주시면 아들이 아니라도 가까운 친척 중에도 재혼하려면 할 수 있었습니다. 단지 사람들이 그런 재혼을 하면 경제적으로 엄청 손해를 보기 때문에 아무도 하려고 하지 않았던 것입니다.

2:20, "나오미가 자기 며느리에게 이르되 그가 여호와로부터 복 받기를 원하노라 그가 살아 있는 자와 죽은 자에게 은혜 베풀기를 그치지 아니 하도다 하고 나오미가 또 그에게 이르되 그 사람은 우리와 가까우니 우리 기업을 무를 자 중의 하나이니라 하니라"

중동 지역에서 '기업 무를 자'는 무서운 존재입니다. 성경에는 기업 무를 자라고 해석하기도 하고 피의 복수자라고도 번역하기도 하는데, 히브리어로는 '고엘'입니다. 고엘은 가까운 친족이 다른 사람에게 살해당하면 끝까지 추적해서 죽입니다. 그래서 지금도 법원에서는 큰 벌을 주지 않습니다. 그리고 여성이 음행을 하면 고엘이 때려서 죽입니다. 요즘 아랍이나 인도에서 여성이 예수를 믿으면 죽이는 존재도 고엘입니다. 그런데 룻처럼 아들 없이 과부된 여인이 있을 때 고엘은 그 여인과 재혼할 수 있었습니다. 나오미는 혹시 보아스가 룻의 고엘이 아닐까 생각했습니다. 이것은 그야말로 0.1퍼센트의 가능성이었습니다. 이것은 본인이 아니라고 하면 망신당할 수도 있었습니다. 보통 사람 같으면 '과부라고 해서 불쌍히 여겨 보리 이삭 좀 더 줬더니 이제는 결혼까지 하자고 하네!'라고 하면서 은혜도 모른다고 비방할 수도 있을 것입니다.

그러나 나오미는 0.1퍼센트의 가능성이 있다는 것을 생각했습니다. 나오미는 기도하면서 과연 0.1퍼센트를 행동에 옮길 것인지 아니면 창피당하지 않기 위하여 계속 입을 다물고 있어야 할지를 놓고 생각했습니다. 우리에게 0.1퍼센트의 가능성만 있어도 희망이 있는 것입니다. 남들은 모두 미쳤다고 욕할지 몰라도 0.1퍼센트의 가능성을 뚫어서 성공의 열매를 맺는 성도들이 다 되시기 바랍니다.

08
기다림의 시간

룻 2:20-23

영국에 제임스 패커라는 유명한 신학자가 있었습니다. 이분이 《하나님을 아는 지식(*Knowing God*)》이라는 책을 썼는데 세계적인 베스트셀러가 되었습니다. 제임스 패커는 캐나다 밴쿠버에 있는 리전트 신학교에 교수로 갔는데, 이 한 분 이름 때문에 리전트 신학교로 유학 갔던 한국 신학생이나 목사님들이 많이 있었을 정도입니다. 그러나 그분도 나이가 많이 드니까 앞이 보이지 않기 시작했습니다. 그러다가 어느 순간부터는 완전히 실명해서 전혀 앞이 보이지 않게 되었습니다. 그는 책을 읽을 수도 없었고 TV를 볼 수도 없었습니다. 어느 날 한 제자가 패커를 만나서 "박사님은 앞을 전혀 보지 못하고 하루하루를 사시는데, 하루를 도대체 어떻게 보내십니까?"라고 물으니까 자기는 잘 보내고 있다고 하면서, 옛날에 복음으로 교제했던 분들을 생각하기도 하고 또 평소에 외웠던 성경 구절을 외우니까 심심하지 않다고 대답했습니다. 그런 기사가 있은 후 몇 년 후에 그분이 돌아가셨다는 뉴스를 접했습니다.

전에는 마음대로 활동하시던 분들이 앞이 보이지 않아서 아무것도 하지 못하고 가만히 있으려고 하면 굉장히 답답할 것입니다. 마찬가지로 우리는 때때로 아무것도 하지 못하면서 며칠이나 혹은 몇 달 아니면 아주 오랫동안 기다리기만 해야 할 때가 있습니다. 그때 우리는 아마 답답해서 미칠 지경이 될 것입니다.

루게릭병에 걸린 분들도 중세가 다양한데, 어떤 분은 온몸을 꼼짝하지 못하고 하루 종일 계속 누워있어야만 하는 분들도 있습니다. 그들 중에는 눈으로 이야기하는 법을 익혀서 눈을 깜빡깜빡하는 것을 통해서 가족과 의사 소통을 하는 분들도 있지만, 아예 눈도 깜빡하지 못하고 그냥 누워서 가족이 오기만을 기다려야 하는 분들도 있습니다. 이분들은 마치 온몸이 밧줄로 묶이고 입도 수건 같은 것으로 막힌 채로 한평생 살아야 하는 것입니다. 그러나 이분들도 듣는 것이나 생각하는 것은 정상적입니다. 단지 말을 하지 못하고 움직이지 못할 뿐입니다. 아마 이런 분들에게 답답한 것은 말로 표현할 수 없을 것입니다. 아마도 매일 하나님께 "제발 나를 데려가 주십시오"라고 기도하는 분들도 있을 것입니다.

우리 인생에서도 아무것도 하지 못하고 가만히 기다리기만 해야 할 때가 많이 있습니다. 그때 우리는 왜 나에게 이런 일이 생겨야 하며 하나님은 왜 이런 시련을 나에게 주실까 의심이 많이 들 것입니다.

1. 평범했던 룻의 생활

룻은 처음 보리 이삭을 주우러 갔다가 우연히 보아스라는 사람의 밭에 가는 바람에 도움을 많이 받았습니다. 그러나 룻이 보아스의 밭에 가게 되었던 것은 우연이 아니라 하나님의 인도였습니다. 보아스는 룻에게 "네가 시어머니를 섬기고 하나님을 믿기 위해서 모압의 자기 집과 친척과 민족을 다 버리고 이스라엘에 온 것을 보고 하나님의 날개 아래 보호 받으러 왔다"고 말했습니다. 이것은 하나의 설교였습니다. 룻은 보아스로부터 놀라운 하나님의 말씀을 들었던 것입니다. 그리고 보아스는 룻에게 주위 사람들의 눈치를 보고 이 밭 저 밭 다니지 말고 내 밭에서 끝까지 보리를 주우라고 했습니다. 그리고 물도 마시러 집에 가거나 우물을 찾아가지 말고 일꾼들이 마시도록 떠온 물을 마시라고 했습니다. 그리고 추수꾼들에게는 룻을 희롱하지 말라고 단단히 주의를 주었습니다. 그리고 식사 시간에는 룻을 불러서 맛있는 볶은 곡식을 많이 주고, 추수꾼들에게는 보리를 추수하면서 곡식 다발에서 조금씩 뽑아버려서 룻이 많이 주울 수 있게 하라고 했습니다. 그래서 룻의 첫날 보리 이삭을 주운 성과는 대성공이었습니다. 룻은 보리를 한 말 가량 주웠고 또 볶은 곡식을 많이 가지고 와서 나오미에게도 드렸습니다.

그러고 난 후에는 룻에게 별 변화가 없었습니다. 나오미는 그 밭의 주인이 보아스라는 이름을 듣고 그 사람이 우리 '고엘'일 가능성이 있다고 했습니다. '고엘'은 아주 가까운 친족을 말합니다. 그는 룻과 재혼해서 후손을 낳을 수 있는 친족이었지만 의무적으로 해야 하는 것은 아니었습니다. 아마 이 당시 친족들 중에서 '고엘'을 하려고 하는 사람은 거의 없었던 것 같습니다. 왜냐하면 이것은 완전히 망하는 장사이기 때문입니다. 즉 고엘이 되면 과부와 재혼해 주어야 하고, 그들이 팔아버린 집도 도로 사 주어야 하고, 밭도 도로 사 주어야 했습니다. 또 아기를 낳으면 그 아기는 자기 아이가 아니라 죽은 친척의 아이가 되어야 했습니다. 그래서 그 당시 거의 대개 사람들은 '기업 무를 자'인 '고엘'이 되지 않으려고 했던 것 같습니다. 그런데 나오미가 룻에게 보아스에 대하여 룻과 재혼할 수 있는 친척이라고 말하는 바람에 괜히 룻의 마음만 들뜨게 되었던 것입니다.

2:20하, "나오미가 또 그에게 이르되 그 사람은 우리와 가까우니 우리 기업을 무를 자 중의 하나이니라 하니라"

나오미는 보아스가 룻과 재혼할 수 있는 친족이라는 것을 알았지만 그 후에 변한 것은 아무것도 없었습니다. 나오미가 보아스를 찾아간 것도 아니고 중간에 어떤 사람이 중매한다고 왔다 갔다 한 일도 없었습니다. 그 후 룻과 나오미의 생활에서 달라진 것은 아무것도 없었습니다. 지금 당장은 보아스가 자기 밭에서 보리 이삭을 주우라고 했기 때문에 먹을 양식이 있었지만 보리 추수가 끝나면 룻과 나오미는 또 먹을 것이 없어지게 될 것입니다. 룻과 나오미는 미래 일만 생각하면 큰 바위 덩어리가 가슴을 누르는 것처럼 답답했습니다. 차라리 고엘이라는 제도가 있다는 것을 몰랐더라면 아예 그 기대를 포기하고 모든 것을 운명에 맡기고 되는대로 살면 될 텐데, 괜히 나오미가 하나님의 말씀을 들먹이는 바람에 될지 안 될지도 모르는 기대를 가지게 되었던 것입니다.

우리가 하루하루를 살아갈 용기를 가지는 것은 나의 미래가 지금 현재보다 더 나을 것이라는 기대감 때문입니다. 지금은 가난하고 못살지만 노력하면 나중에는 잘살게 될 것이라는 희망이 보여야 합니다. 그러나 이미 자신의 목표를 달성해서 더 이상 올라갈 목표가 없거나 혹은 인생 밑바닥에서 앞으로 아무리 노력해도 더 잘살게 될 가능성이 없다면 사람들은 그만 미래를 살아갈 용기를 잃어버리게 될 것입니다.

룻 같은 경우에 처음에는 새로운 이스라엘에 와서 모든 것이 신기하기도 하고, 외국 여자라고 호기심을 가지고 대하기도 하고, 또 보아스 같은 훌륭한 사람이 자기에게 호감을 가지고 대해주니까 나름 신이 났을 것입니다. 그러나 시간이 흐를수록 룻이 할 수 있는 일은 매일 보리 이삭 줍는 것밖에 없고, 사람들의 관심도 점점 멀어지고, 이번 추수가 끝나면 더 이상 먹고 살 것이 없어서 살 의욕이 줄어들 가능성이 컸습니다.

요즘도 젊은 사람에게 가장 힘든 것은 미래의 불확실성 때문입니다. 예를 들어서 처녀가 나이 들어서 결혼해야 하겠는데 도무지 결혼할 사람이 생기지 않는 것입니다. 성경 말씀을 읽으면 하나님이 이삭의 아내 리브가를 준비해 놓으셨던 것처럼 준비해놓는다고 하셨는데, 결혼의 가능성은 점점 멀어지니 결혼 이야기만 나오면 짜증부터 나오게 됩니다. 그래서 나이 든 처녀들이 가장 싫어하는 것이 명절이라고 합니다. 이때 어른들을 만나면 "올해는 결혼을 꼭 해야지"라고 하는데 지금 결혼하기 싫어서 안 하는 것이 아니지 않습니까? 그래도 신앙을 가진 청년이 있으면 모든 것을 양보하고 결혼하려고 하는데 이마저도 없으니까 결혼을 포기해야 하는가 하는 생각이 들 것입니다.

또 군대에서 제대할 때는 이 세상에서 무엇을 해도 잘할 것 같은 자신감이 있었는데 아무리 이력서를 넣어도 연락이 오지 않고, 교사 임용고시 같은 경우에는 1점 차이로 자꾸 떨어지든지 아니면 아예 모집하지 않든지 하면 앞으로도 계속 공부해야 하는지 아니면 딴 길을 찾아야 하는지 막연할 뿐입니다. 더욱이 중년 어른들의 경우에는 직장에서 퇴직한 후에도 상당한 기간을 지내야 하는데 할 일이 없으니 답답할 노릇입니다. 예전에 퇴직을 하면 60세까지만 살 것을 생각했는데 요즘은 80 중반이나 심지어는 90 중반까지도 살아야 하니 그 대책이 막막하기만 합니다. 그래서 지금 우리나라는 노인층의 빈곤이 어느 나라보다 심각하다고 합니다.

특히 예수 믿는 사람들에게는 하나님 말씀의 약속이 있기 때문에 미래에 대하여 희망을 가집니다. 그러나 현실을 보면 아무런 변화가 생길 가능성이 없습니다. 그때 우리는 미래에 대하여 막막해지게 됩니다.

2. 우리가 원하는 것

대체로 우리가 희망하는 것은 당장의 필요가 채워지는 것입니다. 예를 들어서 당장 먹을 것이 생기거나 집 문제가 해결되거나 대학에 합격하거나 결혼할 배우자가 생기는 것입니다. 우리는 당장 다른 사람들보다 부족한 것은 참지 못하고 또 불편한 것도 참지 못합니다. 그뿐만 아니라 우리는 우리의 미래가 확실하고 튼튼하기를 바랍니다. 그러나 하나님께서는 우리의 부족한 것을 통해서 하나님의 살아계심을 나타내시고 자신이 영광 받으시기를 원하십니다. 그래서 우리가 원하는 것과 하나님이 바라시는 것은 다릅니다. 우리는 하루 한 시가 급한데 하나님은 우리가 더 무기력해질 때까지 기다리시는 것입니다.

성경에 보면 모든 믿음의 사람들은 전부 오래 오래 하나님을 기다렸던 사람들인 것을 볼 수 있습니다. 믿음의 조상 아브라함의 경우에는 하늘의 별같이 많은 자손을 주신다는 말씀을 믿고 하나님의 말씀을 따라서 고향, 친척, 아버지의 집을 떠나서 가나안 땅까지 왔는데 하나님은 자손을 주시지 않았습니다. 그러다가 아브라함이 하나님에 대한 기대를 포기하려고 했을 때, 즉 아브라함이 백 살이 되었을 때 아들 이삭을 주셨습니다. 아브라함은 하나님을 기다리다 못해서 중간에 아내의 여종 하갈을 통해서 아들을 낳았지만, 하나님은 그 아들이 진짜 아들이 아니니까 내보내라고 하셨습니다. 하나님은 이삭이 어느 정도 자랐을 때 하나님이 지시하는 산으로 가서 그 아들을 번제물로 바치라고 명령하셨습니다. 이런 것을 보면 하나님은 너무 변덕스러우신 것 같고 너무 사람의 속을 태우시는 것 같습니다. 그러나 하나님은 아브라함에게 진짜 아들을 주시고 진짜 복을 주시려고 오래 기다리게 하셨던 것입니다.

요셉은 하나님의 말씀을 꿈으로 받았습니다. 가족들이 추수하는데 자기 단은 일어서고 형들의 단은 자기 단에게 절하는 꿈이었습니다. 또 하늘의 열한 별과 해와 달이 자기에게 절하는 꿈도 꾸었습니다. 그러나 요셉은 이 꿈을 꾸었기 때문에 형들로부터 엄청난 미움을 받았습니다. 형들은 요셉이 얼마나 미웠던지 그를 죽이려고 하다가 애굽에 노예로 팔아버렸습니다. 요셉은 노예로 팔린 것도 모자라서 여주인을 강간하려고 했다는 누명을 쓰고 감옥에 들어가게 되었습니다. 요셉은 거의 이십 년을 노예와 죄수의 신분으로 썩었습니다. 이것이 그가 하나님의 말씀을 믿은 결과였습니다. 그러나 요셉은 바로의 꿈을 해석해서 앞으로 올 칠 년 대흉년의 비밀을 알아내고는 애굽의 총리가 되어서 애굽을 살리고 가나안 사람들을 살리고 자기 가족들까지 살렸습니다.

모세는 어렸을 때 바로의 공주의 아들로 입양되어서 애굽의 교육을 받고 애굽의 모든 부귀영화를 누렸습니다. 그러나 그가 어느 정도 자랐을 때 자신의 출생의 비밀을 알았던 것 같습니다. 모세는 자기 민족을 도우려고 히브리인들이 공사하는 데 찾아갔다가 악질 애굽인 노예 감독만 죽이고 도망쳐 무려 사십 년 동안을 미디안 광야에서 지내게 됩니다. 모세는 유목민 이드로의 양 떼를 몰고 사십 년을 돌아다녔으니 그의 인생은 끝난 것 같았습니다. 그러나 모세는 사십 년을 기다린 후 불타는 떨기나무에서 하나님을 만나고, 하나님의 손에 붙들리게 됩니다. 그 후에 그의 지팡이에서는 열 가지 기적이 일어나고 나중에는 홍해를 가르고 반석에서 생수가 터지는 기적까지 행하게 됩니다. 우리는 모든 것이 '빨리 빨리' 이루어져야 직성이 풀리지만, 하나님은 아무것도 하지 않고 기다리게 하십니다.

회당장 야이로 같은 경우에는 열두 살 된 딸이 고열로 죽어갈 때 의사를 찾아가지 않고 예수님을 만나서 예수님께 자기 집에 오셔서 딸을 살려달라고 간청합니다. 그래서 야이로는 예수님을 모시고 가게 되지만 이미 시간이 너무 늦어서 가는 도중에 딸이 죽었다는 소식을 들습니다. 이때 야이로는 차라리 예수님을 기다리지 말고 의사를 데려가는 것이 더 낫지 않았을까 하는 생각이 수없이 들었을 것입니다. 그러나 예수님은 너무나도 무책임하게 야이로에게 "두려워하지 말고 믿기만 하라"고 하셨습니다. 이런 것을 요즘 유체이탈 화법이라고 합니다. 즉 자기와는 아무 상관 없는 일인 것처럼 엉뚱한 말을 한다는 것입니다. 그런데 예수님은 죽은 아이가 누워있는 방에 들어가서서 아이의 손을 잡고 '달리다쿰' 하시니까 죽었던 아이가 눈을 뜨면서 일어났습니다. 예수님의 말씀은 결코 공허한 것이 아니었습니다. 야이로는 예수님이 자기 딸이 죽어가는 것을 치료해주시기를 원했지만 예수님은 죽은 아이를 살려주셨습니다.

　나오미는 룻에게 그가 할 수 있는 최소한의 일을 하게 했습니다. 그것은 보아스의 말대로 추수가 마칠 때까지 딴 밭에 가지 않고 보아스의 밭에서 이삭을 줍는 일이었습니다.

2:22, "나오미가 며느리 룻에게 이르되 내 딸아 너는 그의 소녀들과 함께 나가고 다른 밭에서 사람을 만나지 아니하는 것이 좋으니라 하는지라"

　나오미와 룻이 할 일은 최소한 일의 일이었습니다. 그것은 보리 이삭을 더 많이 주우려고 이 밭 저 밭을 돌아다니지 않는 것이었습니다. 즉 그들은 이제 더 이상 방황할 필요가 없었습니다. 왜냐하면 그들은 이미 하나님의 날개 밑에 들어와 있었기 때문입니다. 보아스가 룻에게 자기 밭에서 이삭을 주우라고 했지만 룻이 이 밭 저 밭을 돌아다닌다면, 다른 남자들의 눈에 뜨이게 되어서 구설수에 오르게 되고 좋지 않은 말이 돌게 될지도 모릅니다. 그래서 나오미는 룻에게 사람들의 눈에 뜨이지 않게 하라고 했습니다. 우리는 때때로 사람들의 눈에 뜨이지 않는 것이 좋을 때가 많습니다.

나오미는 어차피 자신이 베들레헴에 돌아왔을 때 자신의 인생은 죽었고 죽이든지 살리든지 모든 것을 하나님께서 하시리라 생각했습니다. 그 대신 자신들이 지켜야 할 것은 룻이 더 이상 이 밭 저 밭을 돌아다니지 않는 것이었습니다. 왜냐하면 보아스가 이 밭에서 이삭을 주우라고 한 것이 하나님의 말씀일 수 있기 때문입니다. 즉 하나님께서 나오미와 룻에게 하실 말씀을 보아스를 통해서 하실 수 있기 때문입니다. 그래서 우리는 내가 할 수 있는 최소한의 일을 하면서 그냥 있으면 되는 것입니다. 그러면 하나님께서 불가능하다고 생각되는 일을 하실 것입니다.

3. 기다려야 하는 이유

룻은 보리 이삭을 주우러 간 첫날 아주 운이 좋았습니다. 그는 보리 이삭을 한 말이나 주웠고 볶은 곡식도 얻어먹게 되었습니다. 그리고 그날 저녁에 집에 오니까 시어머니 나오미는 혹시 보아스가 우리의 기업 무를 자가 될 수도 있다고 하면서 룻에게 희망을 주었습니다. 그러고 나서는 아무런 일도 일어나지 않았습니다.

2:23, "이에 룻이 보아스의 소녀들에게 가까이 있어서 보리 추수와 밀 추수를 마치기까지 이삭을 주우며 그의 시어머니와 함께 거주하니라"

보아스가 룻과 재혼할 수 있는 친척이라 하더라도 그것은 어디까지나 하나의 가능성이지 꼭 그렇게 된다는 뜻은 아니었습니다. 사실 보아스가 룻과 재혼한다고 해도 룻에게는 실망스러운 일이었습니다. 왜냐하면 보아스와 룻은 나이 차이가 너무 많이 났기 때문입니다. 성경에는 분명히 말씀하고 있지 않지만 보아스와 룻은 대략 스무 살 이상 차이가 났을 것으로 생각됩니다. 보아스는 룻의 아버지 또래의 사람이었던 것입니다. 더욱이 이런 식의 재혼은 친척들이 절대로 하지 않으려고 하는 재혼이었습니다. 아무리 마음씨가 좋고 신앙이 좋은 보아스라 하더라도 재혼해서 집과 땅을 다시 사 주고 아이까지 낳으면 그 아이는 내 아이가 아니고 이미 죽은 말론의 아들이 되니까 이것은 친척들의 입장에서 보면 완전히 망하는 것이나 마찬가지입니다. 그러니까 친형제도 아닌데 누가 친척이라고 해서 이런 재혼을 하려고 하겠습니까? 그러니 룻에게는 차라리 하나의 희망 고문이 될 수 있습니다. 희망이 없으면 다 잊어버리고 살겠는데 괜히 희망을 가지게 해서 사람의 마음을 조급하게 만들고 불가능한 미래를 상상하게 만드는 것입니다.

그런데 왜 하나님께서는 우리에게 희망의 말씀을 주시고는 무작정 기다리게만 하실까요?

첫째, 기다리는 시간을 통해서 우리는 하나님을 보고 자기 자신을 살피게 됩니다. 우리가 이 세상 살아온 것은 전부 다른 사람과의 문제였습니다. 그러면서 세상만 쳐다봅니다. 그러나 우리가 할 수 있는 일이 아무것도 없으면 우리는 하나님만 바라보고 기다리게 됩니다. 하나님이 길을 열어주시면 사는 것이고, 하나님이 길을 열어주시지 않으면 그냥 이대로 살다가 죽는 수밖에 없는 것입니다. 즉 우리는 기다리는 시간을 통해서 내 삶의 주도권을 하나님께 완전히 넘겨드리는 것입니다. 이제는 사람들이 욕을 하면 욕을 듣고 손가락질하면 손가락질당하는 수밖에 없습니다. 그 대신 일이 이루어지면 하나님께 백 퍼센트 영광을 돌리게 됩니다.

둘째, 우리는 자꾸 이 세상 일로 모든 것이 끝난다고 생각하지만, 하나님은 우리가 이 세상 사는 것을 죽은 후 천국 생활과 연결되는 삶으로 보십니다. 그래서 우리가 죽는다고 해서 모든 것이 끝나지 않습니다. 오히려 우리가 죽음으로 우리의 꿈은 이루어지게 됩니다. 그러나 우리는 죽은 후에 내가 어떻게 되는지 알지 못하기 때문에 모든 것은 이 세상에서 끝난다고 생각합니다. 예수님께서는 "회개하라 천국이 가까이 왔느니라"고 하셨습니다. 이미 이 세상에서 우리의 천국 생활이 시작되었습니다. 그래서 우리의 희망은 이 세상에서 씨를 뿌려서 천국에서 꽃을 피우는 것입니다. 그러므로 우리는 우리 눈에 보이지 않는 세계를 자꾸 보는 훈련을 해야 합니다. 우리를 에워싸고 있는 하나님의 불말과 불병거도 보아야 하고, 하늘에 쌓여있는 양식도 보아야 하고, 우리를 기다리고 있는 하나님의 칭찬과 면류관도 보아야 합니다.

예수님은 남동생 나사로가 죽은 마르다와 마리아 집에 나흘이나 늦게 오셨습니다. 나사로의 시체는 무덤 안에서 썩어가고 있었습니다. 그런데 예수님은 "나는 부활이요 생명이니 나를 믿는 자는 죽어도 살겠고 살아서 나를 믿는 자는 영원히 죽지 아니하리라"고 말씀하셨습니다. 하나님의 약속은 이 세상으로 끝나는 것이 아니라 영원히 계속됩니다.

외국 드라마 중에서 아주 재미있고 인기 있는 드라마가 있었습니다. 이 드라마는 다 끝났는데도 자꾸 만들어졌습니다. 왜냐하면 인기가 아주 높았기 때문입니다. 우리의 삶이 순수하고 열정이 있으면 인기가 굉장히 높습니다. 우리의 드라마는 계속 될 것입니다.

하나님께서는 우리가 기다리는 시간을 통해서 우리로 하여금 숙성하게 만드십니다. 예를 들어서 포도를 당장 따서 즙을 짠다고 해서 고급 포도주가 되는 것이 아닙니다. 즙을 만들고 난 후에는 큰 통에 넣어서 지하 저장고에서 십 년이나 이십 년 혹은 그 이상 숙성시켰을 때 아주 맛있는 포도주가 만들어지게 됩니다. 평소 우리의 모든 생각이나 말은 너무 경직되어서 질겨서 먹을 수가 없습니다. 예수 믿는 사람과 만나서 이야기해보면 유머 감각이라고는 조금도 없고 조금만 자기 생각과 맞지 않으면 틀렸다고 인상을 쓰고 대화 자체가 너무 질겨서 먹을 수가 없습니다. 그러나 그 고기를 갈비째 양념해서 푹 숙성시키면 그야말로 맛있는 갈비가 되는 것입니다. 이것은 성숙이 아니고 숙성입니다. 즉 겉으로 자라는 것이 아니라 맛이 안으로 스며드는 것입니다.

하나님의 말씀이 우리 살과 뼛속에 깊이 스며들면 이야기가 통하고 유머감각이 있고 하나님이 먹으시기에 너무나도 살살 녹는 부드러운 고기가 됩니다. 그래서 하나님께서는 기다리는 시간을 통해서 우리를 숙성시키십니다. 즉 깊이가 있는 맛을 가지게 하시는 것입니다.

우리 성도들은 질긴 맛을 버리시기 바랍니다. 깊이 있는 부드러운 신앙을 가지시기 바랍니다.

09

위험한 도전

롯 3:1-5

사람들은 때때로 불가능해 보이는 일을 실패하더라도 도전해 봐야 할 때가 있습니다. 불가능하다고 생각해서 미리 모든 것을 포기해 버린다면 우리는 제자리를 맴돌 수밖에 없기 때문입니다.

현재 우리나라에는 북한을 탈출해서 압록강이나 두만강을 건너고 중국을 횡단해서 미얀마나 태국에 들어갔다가 추방 형식으로 남한까지 온 탈북자들이 삼만 명이 넘습니다. 그들은 북한에서 가만히 앉아서 굶어 죽는 것보다는 목숨을 걸고 수많은 위기를 겪으면서도 도전했기 때문에 대한민국에서 자유롭게 살 수 있는 것입니다. 그들이 한국에 오면 놀라운 것이 많다고 합니다. 우선 인천공항에 내린 후 서해대교를 보고 놀란다고 합니다. 또 화장실의 양변기나 휴지를 보고도 놀라고, 서울의 많은 차를 보고 놀란다고 합니다. 이 모든 것은 도전했기 때문에 얻을 수 있는 것입니다.

미국의 메릴랜드 의대에서는 두 차례에 걸쳐 말기 심장병 환자에게 돼지의 심장을 이식했습니다. 미국에서는 심장 이식을 위해서 대기하고 있는 환자가 수도 없이 많은데 이식할 수 있는 심장은 제한되어 있어서 한 해도 삼천 명 정도가 수술해 보지도 못하고 죽는다고 합니다. 그래서 메릴랜드 대학에서 돼지의 심장이 인간의 심장과 가장 가깝다고 판단해서 두 차례에 걸쳐 이식 수술을 했지만 두 사람 모두 몇 주를 살다가 죽고 말았습니다. 그래서 아직 돼지의 심장을 인간에게 이식하는 것은 무리라고 생각하고 있습니다. 그러나 이런 식으로 도전하다 보면 언젠가는 성공할 날이 올 것입니다.

'여자의 일생'이라고 하면 어딘지 슬픈 느낌이 듭니다. 여자는 어렸을 때는 아름답고 귀여움과 사랑을 독차지하지만, 결혼하는 순간부터 생판 모르는 남자와 살면서 집안일을 해야 하고 임신하고 아기를 낳아서 길러야 하고 남편이나 시어머니의 구박을 참으면서 살아야 하기 때문입니다. 아마 우리 남자 중에는 '어머니!'라는 말만 들어도 눈물이 나올 정도로 말없이 고생하신 어머니를 생각하는 분이 많을 것입니다.

나오미와 룻이 베들레헴에 돌아왔을 때 그들은 집도 없고 밭도 없고 돈도 없고 도와주는 사람도 없고 심지어는 자식도 없는 완전 알거지였습니다. 아마 나오미와 룻은 틀림없이 아는 사람의 헛간 같은 데나 빈집을 수리해서 살았을 것입니다. 그러나 다행스러운 것은 그때가 보리를 추수할 때여서 젊은 며느리 룻이 밭에 나가서 땅에 떨어진 보리를 주우면 하루하루는 살 수 있었다는 점입니다. 그러나 보리 추수가 끝나면 무엇을 먹고 살아야 할지 대책이 없었습니다.

다행스럽게 룻은 보리 이삭을 주우러 나간 첫날 보아스라고 하는 마음씨 좋은 사람의 밭에 가서 이삭을 줍는 바람에 보아스로부터 보호도 받고 좋은 말도 듣고 보아스가 호의를 베푸는 덕에 룻은 다른 여자들보다 많은 보리 이삭을 주울 수 있었습니다.

저녁이 되자 룻은 시어머니 나오미에게 오늘 이렇게 많은 보리를 주웠다고 자랑하고 또 볶은 곡식 남긴 것을 드리면서 시어머니에게 드시라고 했습니다. 물론 나오미도 기뻤지만 심한 흉년 후에 사람들의 인심이 이렇게 좋을 리가 없는데 룻이 아주 선대를 받은 모습을 보고는 "도대체 누구의 밭에 갔었더냐?"고 물었습니다. 그리고 룻의 이야기를 들은 나오미는 "보아스는 너의 아저씨뻘 되는 사람이기 때문에 너의 기업을 무를 수도 있다"고 이야기했습니다. 그러나 그것은 어디까지나 그럴 가능성이 있다는 뜻이지 꼭 그렇게 된다는 말은 아니었습니다. 오히려 그렇게 되지 않을 가능성이 훨씬 컸습니다. 왜냐하면 친족끼리의 재혼은 집도 사주고 밭도 사주고 아이까지 주는 것이므로 남자 쪽에서는 망하는 일이었기 때문입니다. 나오미는 추수가 끝날 때까지 더 이상 아무 말도 하지 않고 아무 시도도 하지 않고 조용히 기다리기만 했습니다.

1. 남아 있는 시간

룻의 시어머니 나오미는 만일 보아스가 룻의 기업을 무를 친척이라면 룻이 보리 이삭을 줍는 동안, 즉 보아스의 추수가 끝나기 전까지 보아스로부터 무슨 대화가 오고갈 줄 생각했던 것 같습니다. 예를 들어서 어느 날 보아스가 보리를 줍는 룻을 만나자고 해서 "너는 시어머니를 사랑하고 하나님을 믿는 믿음이 참 좋구나. 너는 과부인데 나는 너와 재혼해 줄 수 있는 기업 무를 자가 될 수 있단다. 내가 그럴 마음이 있으니까 너는 오늘 네 시어머니에게 가서 그래도 되는지 한번 물어서 허락을 받아오너라"고 말할 줄 알았던 것입니다. 지금 룻이 재혼에 대한 이야기를 꺼낼 수 있는 시간은 보리 추수가 끝날 때까지입니다. 왜냐하면 보리 추수가 끝나면 보아스는 또 다른 곳의 포도 농사 짓는 데 가서 가을의 포도 추수를 준비해야 하고 또 다른 할 일이 많았기 때문입니다.

보아스는 룻이나 나오미가 자신들의 사적인 문제를 가지고 마음대로 만날 수 있는 사람이 아니었습니다. 그는 유대 사회에서 유력한 사람이었고 주로 장로급의 사람들과 어울리는 어른이었던 것입니다. 그래서 만일 보리 추수가 끝나면 룻은 보아스를 만날 기회가 다시는 없을 것입니다. 그러나 보리 추수는 거의 다 끝났는데 보아스로부터 아무 말이 없었습니다. 아무 말이 없었던 이유는 보아스가 룻과 재혼한다는 것을 꿈에도 생각하지 않고 있었기 때문입니다. 보아스는 단지 보리 추수가 잘된 것을 감사하고 이제는 가을 추수를 준비해야 했습니다. 시간은 다 되어 가는데 보아스로부터는 아무 말도 없었습니다.

아마 나오미는 그때 하나님께 "하나님, 제 며느리 룻은 모압 여자이고 과부입니다. 룻이 이스라엘 땅에서 안정되게 살 수 있는 방법은 고엘을 만나서 재혼하는 길밖에 없습니다. 혹시 보아스가 기업 무를 자이면 추수가 끝나기 전까지 하나님께서 보아스의 마음을 움직여주셔서 보아스가 그럴 뜻이 있다는 것을 말하게 해 주십시오."라고 기도했던 것 같습니다. 하지만 이제 보리 추수도 거의 다 끝났습니다. 이제 남은 것은 보리를 탈곡하고 보리를 실어가면 보아스가 할 일은 다 끝나는 것입니다. 그러나 보아스로부터는 아무런 언질이 없었는데, 사실은 언질만 없었던 것이 아니라 보아스는 그런 생각조차도 하지 않고 있었습니다.

지금 룻이 보아스에게 나와 재혼해줄 수 있느냐고 말할 시간은 며칠밖에 없었습니다. 그런데 어떻게 여자가 먼저 남자에게 "나와 재혼해주시겠습니까?"라고 말할 수 있겠습니까? 그래서 보아스에게서 말이 없으면 이것은 아닌 것이고, 나오미는 보아스와 룻이 재혼하는 것을 완전히 포기해야 하는 형편이었습니다. 옛날 유행가 중에서 어떤 남자가 여자를 따라가면서 사랑한다고 말하고 싶은데 용기가 나지 않아서 부르는 노래 가사에 보면 "시간은 자꾸 가는데 집에는 다가가는데 왜 이렇게 망설이고 있을까" 하는 대목이 나옵니다.

2:23, "이에 룻이 보아스의 소녀들에게 가까이 있어서 보리 추수와 밀 추수를 마치기까지 이삭을 주우며 그의 시어머니와 함께 거주하니라"

룻은 보아스 덕분에 보리를 줍고 이삭을 줍는 내내 보호를 받았습니다. 그리고 룻은 보아스 덕분에 다른 여자들보다 많은 보리와 밀을 주울 수 있었습니다. 그러나 룻은 밭에 떨어진 보리 이삭을 줍는 사람이었고 보아스는 밭의 주인이었기 때문에 엄청난 신분의 차이가 있습니다. 예를 들어서 어떤 여자가 큰 공장에서 나오는 빈 박스를 주워서 고물상에 파는 사람이고, 그 친척은 그 큰 공장 사장이라면 그들은 서로 만나서 이야기하거나 더욱이 이 여자가 큰 회사 사장에게 "저와 재혼해 주시겠습니까?"라고 말하는 것은 말도 되지도 않는 일일 것입니다. 그러나 나오미는 이 말도 되지도 않는 일에 기대를 걸고 있었고 기도하고 있었습니다. 하지만 역시 추수는 다 끝났는데 보아스로부터는 아무런 이야기가 없었습니다. 이제 나오미와 룻은 이 문제를 포기해야 할까요? 아니면 아직도 미련을 가져봐야 할까요?

우리는 어떤 때 불가능해 보이는 일을 두고 그 가능성을 기대할 때가 있습니다. 예를 들어서 어떤 사람과 결혼하는 문제라든지, 장학금을 받는 문제라든지, 외국의 좋은 대학에 입학 허가서를 받는 것이라든지, 어떤 좋은 직장의 취업 통지서나 어떤 시험의 합격 통지서를 애태우면서 기다릴 때가 있습니다. 이때 어쩌면 우리는 마음속으로 시간을 정해놓고 기도할지 모릅니다. "하나님, 9월이 가기 전까지 연락이 있게 해 주십시오"라든지, 혹은 "올해 가을이 가기 전까지 응답이 있게 해 주십시오"라고 기도할지도 모릅니다. 그런데 9월이 지나가고 10월이 지나가고 또 연말이 다가오는데도 아무 연락이 없다면 마음이 초조해지면서 이것을 포기해야 하는지 더 기다려 봐야 하는지 안절부절못할 때가 있습니다.

우리 교회 학생 중에 외국의 어느 대학에 입학 원서를 넣었는데 몇 달 기다렸지만 아무 데서도 연락이 없었습니다. 그래서 부모나 학생은 답답해하면서 기도하고 있었는데, 한 대학에서 합격 통지가 와서 다니다가 나중에 더 좋은 대학에서 또 합격통지가 와서 학교를 옮겨 다닌 경우도 있었습니다. 어떤 청년은 수련회를 갔는데 수련회 마지막 날이 대기업 인턴 원서를 접수할 수 있는 마지막 날이었습니다. 거기에다가 이 청년은 수련회에서 치아까지 다쳤습니다. 그러나 부랴부랴 수련장에서 내려와서 마지막으로 겨우 입사원서를 내었습니다. 그래서 면접을 보는데 면접관이 외국어를 무엇을 잘하느냐고 묻더라는 것입니다. 그래서 일본어를 잘한다고 했더니 해보라고 해서 "와까리 마시다" 한마디만 했는데 이것은 일본 만화를 보면서 배운 것이었습니다. 면접관이 전자 제품을 좀 다룰 줄 아느냐고 해서 교회 예배 볼 때 찬양팀의 음향 조절하는 것을 도왔다고 하니까 먼저 인턴에 합격되고 졸업하고 난 후에 정식 직원으로 합격되었다고 합니다.

우리 교회 어떤 여청년은 폴란드의 가장 좋은 의대인 바르샤바 의대에 합격해서 공부하고 있습니다. 폴란드라고 하면 쇼팽의 나라이고 아우슈비츠의 나라인데 요즘은 한국과 많이 가까워지게 되었습니다. 어떤 여청년은 결혼을 두고 아무리 기도해도 결혼하자는 사람이 생기지 않았는데 어느 날 갑자기 멋지게 생긴 남자가 좀 만날 수 있겠느냐고 하더니 데이트하다가 결혼식을 한 경우도 있습니다. 우리 믿는 자들의 일은 참 이상합니다. 일이 안될 때는 죽어도 안 될 것 같다가 될 때는 갑자기 생각지도 못한 순간에 되어버리는 것입니다. 어떤 형제는 박사 학위를 받았는데도 교수 자리가 없어서 미국의 그 촌 동네인 켄터키대학에서 포스닥(postdoc)을 하고 있었는데, 갑자기 서울의 어느 대학에서 교수 자리가 생기면서 교수로 임용되었습니다.

우리 교회 출신 어떤 목사님은 남아공에서 박사학위를 받아왔는데 작은 교회에서 목회하시다가 밀려나게 되었습니다. 한번은 제가 그분은 만나서 신학 석사 받은 대학이 좋은 대학인데 왜 남아공까지

가서 박사를 받았느냐고 물어보니까 실력이 좀 모자라서 옮겼다고 했습니다. 그분은 어느 교회에서 쫓겨나셨습니다. 그런데 그분이 쫓겨났다는 소문과 동시에 더 좋은 교회에서 얼른 그분을 모셔갔습니다. 그래서 이분에게는 타이밍이 절묘하게 맞아 떨어졌으니 인생 밑바닥으로 떨어지는 순간 더 높은 데로 올라가게 되었던 것입니다.

2. 나오미의 확신

나오미와 며느리 룻은 이스라엘에서 거지같이 살 생각을 하고 베들레헴으로 왔습니다. 나오미는 사람들에게 조롱도 당하고 업신여김도 받으면서 베들레헴에서 살았습니다. 그러나 나오미에게는 확신이 있었습니다. 그것은 이방의 모든 부귀와 영화와 행복을 다 버리고 하나님께로 온 룻을 하나님께서는 절대 외면하지 아니하시고 복 주실 것이라는 확신이었습니다.

3:1, "룻의 시어머니 나오미가 그에게 이르되 내 딸아 내가 너를 위하여 안식할 곳을 구하여 너를 복되게 하여야 하지 않겠느냐"

나오미가 가지고 있는 확신은 하나님께서는 세상의 좋은 것을 다 버리고 하나님께 의지하고 나아오는 자를 절대 비참하게 버리지 아니하시고 오히려 생각하지도 못한 축복을 주실 것이라는 확신입니다.

사무엘의 어머니 한나는 신앙은 좋은데 아기를 낳지 못했습니다. 거기에 비해 또 다른 부인 브닌나는 신앙이나 성격은 좋지 못한데 아이를 여럿 낳아서 으스대고 있었습니다. 브닌나가 한나를 얼마나 미워했는지 아예 한나의 피를 말려 죽이려고 했습니다. 한나는 도저히 같이 살 수 없으니까 성전에 가서 울면서 기도했습니다. 그런데 한나가 얼마나 비통하게 몸을 쥐어짜면서 기도했던지 제사장은 한나가 술취해서 성전에서 주정부리는 줄 알았습니다. 그래서 제사장 엘리는 한나에게 술을 끊으라고 책망했습니다. 그랬더니 한나는 "제사장님, 저는 마음이 슬픈 여자입니다. 저는 절대로 술취한 것이 아닙니다. 저는 제 슬픈 마음을 하나님께 기도한 것밖에 없습니다"라고 대답했습니다. 그랬더니 엘리는 한나에게 하나님께서 너에게 복 주시기를 원한다고 축복했습니다. 한나는 제사장의 축복을 하나님의 응답으로 믿었습니다. 그리고 사무엘이라는 위대한 선지자를 낳아서 성전에 바쳤습니다. 후에 하나님은 사무엘에게 이렇게 말씀하셨습니다. "나를 존중히 여기는 자를 내가 존중히 여기고 나를 멸시하는 자를 내가 경멸하리라"(삼상 2:30 참조).

하나님께 피하는 자는 하나님이 절대로 그를 무시하거나 버리지 아니하시고 복을 주십니다. 이것이 나오미가 룻에 대하여 가진 확신이었습니다. 룻은 틀림없이 하나님의 복을 가진 자였습니다. 단지 누가 이 보석을 알아보며 차지하느냐 하는 것이 중요했습니다. 하나님을 사랑하고 하나님의 말씀을 존중히 여기는 자는 축복의 사람입니다. 그러나 사람들은 그 가치를 알아보지 못합니다. 하나님은 아브라함에게 "너는 세상의 복이 될 것이다"라고 말씀하셨습니다. 그리고 "너를 축복하는 자는 내가 복을 주고 너를 저주하는 자는 내가 저주할 것이라"고 말씀하셨습니다. 그런데 이 아브라함의 복은 상속이 되는 복이었습니다.

룻은 아브라함의 이러한 복을 상속받을 여자였습니다. 이 여자를 차지하는 자가 하나님의 복을 독차지하게 될 것입니다. 그래서 사실은 보아스가 대단한 것이 아니라 룻이 대단한 여자였습니다.

우리는 하나님의 축복을 상속받은 자들입니다. 그러나 우리는 엉뚱한 데서 이 복을 찾을 때가 많습니다. 그러나 하나님의 복은 오직 하나님의 말씀 안에 있습니다. 하나님의 말씀은 캐내면 캐낼수록 보석이 쏟아지게 됩니다. 우리가 복 받은 자이지, 세상 사람들이 가지고 있는 복은 진짜 복이 아닙니다. 그것은 복의 모조품입니다.

저는 세상에서 가장 위대한 조각품은 미켈란젤로가 만든 다윗상이라고 생각합니다. 이 다윗상은 크기가 5미터입니다. 다윗상은 완전한 몸의 균형을 갖추고 있고, 머리의 곱슬머리나 신체의 모든 부분이 마치 살아있는 것같이 생생합니다. 이것은 원래 피렌체에 있던 엄청나게 큰 처치 곤란한 대리석 덩어리였는데, 미켈란젤로에게 맡겨지니까 위대한 작품이 되었습니다. 다윗은 어깨에 물매를 메고 있는데 당장이라도 그것을 돌려서 골리앗을 쓰러트릴 것 같은 모습입니다. 그런데 그 진품은 피렌체의 박물관 안에 보관되어 있고 광장에 서 있는 다윗상은 모조품입니다. 우리는 모조품이 아니라 진짜 축복을 가지고 있습니다. 우리는 다른 사람들을 부러워할 것이 아니라 다른 사람들이 우리를 부러워해야 합니다. 우리를 가진 자가 복 받은 자입니다.

3. 나오미의 도전

나오미는 혹시 보아스가 룻과 재혼할 자인지 모르겠다는 생각이 들었습니다. 나오미는 틀림없이 추수가 끝나기 전까지 하나님의 뜻이 나타나게 해 달라고 기도했습니다. 그러나 추수가 끝나도 보아스는 아무 말이 없었습니다. 이럴 때 그냥 포기해야 합니까? 아니면 보아스가 맞는지 한번 시도를 해봐야 합니까? 이것이 어려운 문제입니다. 이때 우리가 생각해야 하는 것은 이러한 어려운 문제가 하나님이 우리에게 책임지라고 주신 것이 아니라는 것입니다. 단지 우리는 하나님의 종이기 때문에 이것이 하나님의 뜻인지 아닌지 확인만 하면 되는 것입니다.

우리는 때때로 어떤 일을 시도했다가 그것이 안 되었을 때 혹은 상대방으로부터 거절당했을 때 그 창피함과 무안함을 견디지 못해서 그 냥 포기하는 경우가 많습니다. 그러나 그것은 종의 자세가 아닙니다. 언제나 창피나 거절당하고 '미친 놈' 소리를 듣는 것이 종이 할 일입 니다. 종은 종다워야 하고, 주인은 주인다워야 하는 것입니다. 그러나 우리는 대체로 종이 아니고 주인처럼 행세하는 경우가 많습니다. 그 래서 거절당하는 것을 두려워하고 시험에 떨어지는 것을 겁내고 남에 게 욕먹을 것을 두려워하는 것입니다. 그러나 우리 인생의 주인은 하 나님이십니다. 우리가 예수를 믿는 이상 우리 인생의 책임은 하나님 께 있습니다. 그래서 우리는 좀 뻔뻔스러워야 합니다. 우리는 어디까 지나 하나님의 뜻을 알아보는 것이지 우리 인생에 책임을 지라는 것 은 아닙니다.

그래서 나오미는 룻에게 너무나도 위험한 시도를 하게 했습니다. 그것은 룻이 밤에 직접 보아스를 찾아가서 프러포즈하는 것입니다. 이것은 너무나도 위험한 도전이었습니다. 누군가가 룻이 밤에 몰래 밭에 들어가서 보아스의 이불속에 들어가는 것을 보기만 한다면 룻과 보아스는 아마 음란한 자로 몰릴 것이며 돌에 맞을지도 모릅니다. 또 그때 보아스는 술을 마시고 도둑이 단을 훔쳐가지 못하도록 그 옆에 서 자고 있습니다. 보아스가 아무리 신앙이 좋다 하더라도 술도 마신 김에 젊은 여자가 이불 속에 들어오면 보아스도 죄를 지을 수 있습니 다. 그러면 하나님의 뜻을 알아보려고 하다가 룻의 신세만 망치게 되 는 것입니다.

설사 그렇지 않다 하더라도 보아스는 룻이 은혜를 모른다고 생각 할지 모릅니다. 세상 사람들은 다른 사람에게 좀 잘해주면 마구 기어 오르려고 할 때가 많습니다. 그래서 세상에서는 잘해주고 싶어도 그 것이 무서워서 아예 거리를 둘 때가 많습니다. 보아스는 룻을 정숙한 여자로 알고 여러 가지 편의를 제공해 주었는데 룻이 자기를 유혹하 려고 밤에 자는 데까지 들어왔다고 하면 너무나도 실망스러워할지 모릅니다.

그러나 나오미는 그런 걱정을 하지 않았습니다. 우리는 종이기 때문에 하나님의 뜻을 확인해보는 것입니다.

3:2, "네가 함께 하던 하녀들을 둔 보아스는 우리의 친족이 아니냐 보라 그가 오늘 밤에 타작 마당에서 보리를 까불리라"

그날 밤은 보리를 타작하는 날이기 때문에 보아스는 밭에서 혼자 자게 되었습니다. 밤에 도둑이 보리를 훔쳐가지 못하도록 지켜야 했기 때문입니다. 나오미는 오늘 밤 룻이 직접 보아스를 찾아가서 청혼하게 했습니다. 결혼이 되든지 안 되든지 그것은 하나님께 달린 것이었습니다.

3:3-4, "그런즉 너는 목욕하고 기름을 바르고 의복을 입고 타작 마당에 내려가서 그 사람이 먹고 마시기를 다 하기까지는 그에게 보이지 말고 그가 누울 때에 너는 그가 눕는 곳을 알았다가 들어가서 그의 발치 이불을 들고 거기 누우라 그가 네 할 일을 네게 알게 하리라 하니"

나오미의 작전은 굉장히 치밀하면서도 과감했습니다. 우리가 기왕 하나님의 뜻을 알려고 하면 최선을 다하는 것이 좋습니다. 룻이 보아스에게 가면서 목욕도 하지 않고 땀 냄새가 나는 상태에서 머리도 감지 않고 작업복을 입고 가서 누워있으면 혹시 보아스가 룻에게 청혼할 마음이 있다가도 정나미가 떨어져서 될 일도 안 될 수 있습니다. 그래서 나오미는 룻에게 "여자는 아름다워야 하고 향기가 나야 하고 깨끗해야 한다"고 하면서 깨끗이 목욕하고 머리에 기름도 바르고 옷도 깨끗한 옷을 입고 준비하고 있다가, 특히 보아스가 보는 앞에서 왔다 갔다 하지 말고 숨어 있어야 한다고 했습니다. 룻이 새 옷을 입고 왔다 갔다 하면 보아스는 오늘은 저 여자가 왜 일을 하지 않고 왔다 갔다 하나 하면서 이상하게 생각할 것입니다. 룻은 보아스가 예전에 전혀 보지 못했던 모습으로 나타나야 보아스는 기대를 가지고 룻을 대할 것입니다. 룻은 보아스의 머리 쪽에 쭈그리고 앉는 것도 아니고, 보릿단 뒤에서 보아스를 부르는 것도 아니고, 그의 발치 이불속에 들어가서 있기만 하면 보아스가 알아서 할 것이라고 나오미는 룻에게 말했습니다.

룻은 시어머니의 이 과감한 시도를 듣고 "어머니, 저는 무서워서 못해요"라든지, 혹은 "어머니, 그것은 너무 창피하잖아요. 저는 차라리 혼자 살겠어요"라고 불평하거나 거절하는 소리를 하지 않았습니다.

3:5, "룻이 시어머니에게 이르되 어머니의 말씀대로 내가 다 행하리이다 하니라"

우리는 때때로 생각만 할 것이 아니라 과감한 시도를 해야 할 때가 있습니다. 우리는 시도해 보아서 안 되면 할 수 없는 것이고, 되면 하나님께서 길을 열어주신다고 생각하면 되는 것입니다. 우리 모두 하나님의 엄청난 복을 가진 사람들입니다. 이 복을 포기하지 마시고 담대한 믿음으로 사시기 바랍니다.

10

옷자락으로 덮으소서

룻 3:7-11

추운 겨울에 지하철이나 버스를 타보면 영하 10도 이하로 내려가는 추운 날씨인데도 불구하고 젊은 아가씨들이 미니스커트를 입고 다니는 모습을 볼 수 있습니다. 왜 그 추운 날씨에 다른 사람들은 옷을 두껍게 입고도 추워하는데 아가씨들은 미니스커트를 입고 다닐까요? 그것은 남자들이 안 보는 체하지만 자신을 보고 있다는 사실을 알기 때문입니다. 젊은 여성들은 다른 사람들이 자기를 봐주면 아무리 추워도 기분이 좋습니다. 어떤 때는 아주 불쌍한 남자들을 보게 됩니다. 추운 날씨에 여자 친구는 아주 얇은 옷을 입고 나와서 벌벌 떨고 있으니 그것을 보고는 남자 친구가 애인이 추워하는 것을 볼 수만 없어서 과감하게 자기 양복을 벗어서 여자에게 입혀주는 것입니다. 그리고 남자는 추운 날씨에 와이셔츠만 입고 벌벌 떨다가 다음 날 콧물 흘리고 재채기를 하고 감기로 고생하게 됩니다. 그러나 여성들은 남자와 데이트를 할 때 할 수 있으면 추운 날 얇은 옷을 입고 나가야 합니다. 그래야 남자들이 윗도리를 벗어주고 자기는 감기에 걸리면서도 데이트하는 것을 좋아하는 것입니다. 그래서 여자가 보기에 이 남자를 꼭 잡아야 되겠다는 생각이 들수록 옷을 얇게 입어야 하고, 추운 날 미니스커트를 입어서 남자로 하여금 보호 본능이 일어나게 해야 합니다.

중국이 현대로 넘어오는 과정에 송씨 집안의 세 미녀가 있었습니다. 그중에서 여자 막내인 쑹메이링(송미령)은 미녀로 소문이 났습니다. 이 여자에게 장체스(장개석)가 눈이 돌아가서 부인이 있는데도 결혼해 달라고 요청합니다. 쑹메이링은 장체스가 중국의 권력자가 될 것을 알아보았습니다. 그래서 이 남자를 잡아야겠다고 생각해서 부인과 이혼하고 기독교인이 되면 결혼해주겠다고 제안함으로 장체스는 쑹메이링이라는 지성적인 미인과 결혼하기 위해서 전 부인과 이혼하고 일단은 기독교로 개종합니다. 여자들은 남자를 잘 잡아야 부자가 되든지 권력자가 되든지 아니면 가난뱅이 부인이 되는 것입니다.

룻은 시어머니 나오미를 통해서 엄청난 하나님의 나라를 보게 되었고, 하나님 나라의 축복을 알게 되었습니다. 룻은 시어머니의 말씀대로 순종함으로 하나님의 어마어마한 축복을 상속받기를 원했습니다.

1. 시어머니의 말씀에 순종함

3:6, "그가 타작 마당으로 내려가서 시어머니의 명령대로 다 하니라"

룻은 이스라엘에 온 지 얼마 되지 않아서 하나님의 말씀을 잘 알지 못했습니다. 그러나 룻은 시어머니 나오미가 하는 말씀은 그냥 시어머니가 하는 말이 아니라 하나님이 자기에게 하시는 말씀으로 믿었습니다. 나오미가 룻에게 시킨 것은 엄청나게 위험한 일이었습니다. 보리 추수가 다 끝났기 때문에 밭 주인인 보아스는 이제 보리를 탈곡하고 가지고 가서 창고에 넣으면 모든 일이 끝나게 됩니다. 나오미는 그

날 보아스가 탈곡하고 아직 창고에 넣기 전이기 때문에 밭에서 자면서 보리를 지킨다는 사실을 알았습니다. 나오미는 그 기회를 놓치지 않았습니다.

보아스는 룻에게 그날은 보리 이삭을 줍지 말고 목욕을 하고 머리에 기름을 바르고 새 옷을 입고 밤에 몰래 밭에 들어가서 보아스가 자고 있는 곳에 가서 이불을 들고 그 안에 들어가 있으라고 했습니다. 이것은 굉장히 위험한 시도였습니다. 왜냐하면 만일 한 사람이라도 룻이 보아스가 자는 밭에 몰래 들어가서 이불속에 들어가는 광경을 보게 된다면, 룻은 동네에서 음탕한 여자로 몰려 몰매를 맞고 죽든지 아니면 모압으로 도로 쫓겨가게 될지도 모르기 때문입니다. 또 보아스도 여자를 자기 이불속에 끌어들였다고 해서 엄청난 공격과 오해를 받게 될지 모릅니다. 이런 일이 있을 때는 대개 공격하는 사람들이 상대방의 말을 듣지도 않고 일방적으로 공격을 퍼붓기 때문에 굉장한 상처를 입게 됩니다. 그러나 룻은 시어머니가 시키는 대로 다 했습니다. 왜냐하면 룻은 시어머니가 하라는 말씀은 하나님이 자기에게 하시는 말씀으로 들었기 때문입니다. 룻은 목욕하고 새 옷을 입은 후 숨어서 보아스가 무엇을 하는지 몰래 지켜보았습니다.

3:7, "보아스가 먹고 마시고 마음이 즐거워 가서 곡식 단 더미의 끝에 눕는지라 룻이 가만히 가서 그의 발치 이불을 들고 거기 누웠더라"

보아스는 농사가 잘된 데다가 추수까지 무사히 끝나게 되어서 기분이 굉장히 좋았던 것 같습니다. 그래서 밭에서 자리를 펴놓고 거기서 떡과 고기를 먹고 포도주를 마시고 기분이 아주 좋게 잠을 자게 되었습니다. 보아스는 도둑들이 보리를 훔쳐가지 못하도록 곡식 단 더미 끝에 자리를 펴서 그 위에 이불을 덮고 잠을 잤습니다.

룻은 보아스를 유혹할 생각이 전혀 없었습니다. 만약 룻에게 그런 마음이 조금이라도 있었다면 룻은 하나님의 축복을 상속할 수 없었을 것입니다. 왜냐하면 세상 욕심을 가진 자에게는 하나님의 축복이 보이지 않기 때문입니다. 그래서 그런 사람들은 이 세상에서 눈에 보이는 것만 차지하고 끝나게 됩니다. 예수님께서는 그런 사람들을 향해서 "자기 상을 이미 받았느니라"고 말씀하셨습니다. 즉 하나님은 은밀한 곳에서 사람들의 마음의 중심을 보십니다. 그래서 외식하는 사람들은 다른 사람들로부터 칭찬을 듣는 것으로 모든 것이 다 끝나는 것입니다. 그러나 진정으로 하나님의 축복을 받는 사람은 중심으로 하나님의 말씀을 사랑하고 기뻐하면서 순종해야 합니다.

룻은 보아스가 잠이 들 때까지 숨어서 기다렸습니다. 보아스는 하루 일이 잘 끝나고 맛있는 식사를 하고 포도주를 마시고 아주 기분이 좋게 되어서 이제 보릿단 곁에서 자리를 깔고 이불을 덮고 잠자리에 들었습니다. 룻은 일단 밭에 아무도 남아 있는 사람이 없는지를 확인해야 했습니다. 밭에서 일하던 사람들은 모두 기구를 챙겨서 하나둘씩 밭을 떠나서 집으로 돌아갔습니다. 이제 그 넓은 밭에는 보아스와 룻, 두 사람만 남게 되었습니다. 이제 룻은 보아스가 잠이 들었는지 들지 않았는지 확인을 해야만 했습니다. 보아스가 잠이 들지도 않았는데 이불속에 들어가려고 하면 보아스가 들어오지 못하게 할 것이기 때문입니다.

룻은 보아스가 이불속에 들어가서 누운 후에도 정말 보아스가 잠들었는지 아니면 그냥 누워있는지 확인해야만 했습니다. 아마 보아스도 잠이 들면 우리 아버지처럼 약간 코를 골았는지 모르겠습니다. 룻은 보아스가 잠들었다는 확신이 들었을 때 드디어 행동을 개시했습니다. 룻은 보아스에게 살금살금 접근해서 보아스가 자고 있는 이불의 발치 부분을 들고 그 안에 들어가서 가만히 누워있었습니다. 그러나 룻에게 걱정이 없는 것은 아니었습니다. 만일 보아스가 내일 아침이 올 때까지 한 번도 깨지 않고 계속 잔다면 룻은 해가 뜨기 전에 도망쳐야만 할 것입니다. 그러면 룻의 수고는 실패로 끝나고 말 것입니다. 그러나 룻은 무조건 나오미가 한 말은 하나님의 말씀이라고 믿고 이불 속에 누워서 가만히 기다리는 수밖에 없었습니다.

　우리에게 가장 좋은 길은 하나님의 말씀을 사람의 말을 통해 듣는 것입니다. 사람의 말을 통해 들리는 하나님의 말씀은 우리가 알아들을 수 있고 실천할 수 있는 말씀인 경우가 많습니다. 만약 하나님이 우리에게 말씀하시는데 우리가 알아듣지 못하는 히브리어나 라틴어로 하신다면 우리는 무엇을 어떻게 해야 할지 알지 못할 것입니다. 그러나 나오미가 전해준 하나님의 말씀은 온종일 숨어 있다가 보아스가 식사하고 포도주를 마시고 잘 때 이불속에 들어가 깰 때까지 기다리라는 말이니까 얼마나 쉽고 구체적인 말씀입니까? 그러나 사람이 의심하려고 하면 한이 없습니다. 누군가가 숨어서 볼지도 모르고 또 보아스가 한번 잠에서 깨야 하는데 깨지도 않고 줄곧 잠만 잔다면 룻의 순종은 실패할 것입니다. 그러나 하나님이 하시는 일은 틀림없습니다. 이럴 때는 아무리 사탄이 방해하려고 해도 할 수 없습니다. 왜냐하면 하나님의 능력이 강하게 역사할 때는 마귀도 잠이 들기 때문입니다.

　룻이 보아스의 이불 밑에 들어간 이유는 보아스의 경제적인 도움을 받으려는 것도 아니고, 보아스를 유혹하려고 하는 것도 아니고, 오직 아브라함부터 내려오는 하나님의 축복을 상속하기 위해서였습니다. 이 축복은 절대로 빼앗길 수 없는 복이었습니다. 에서는 이 하나님의 축복을 팥죽 한 그릇으로 팔아버렸고, 가룟 유다는 은 30을 받고 팔아버렸지만, 룻은 몰매를 맞을 각오를 하고 모든 사람에게 욕먹을 각오를 하고 이 복을 받으려고 시어머니의 말씀에 순종했던 것입니다.

2. 옷자락으로 덮으소서

아마 보아스는 잠자다가 몸을 움직였던 것 같습니다. 그런데 자기 발에 무엇인가 닿는 것이 있었습니다. 이때 보아스는 기절초풍할 정도로 놀랐을 것입니다. 왜냐하면 틀림없이 이 보리밭에는 보아스 자기만 자기로 되어 있고 아무도 오지 못하게 되어 있는데 발치에 무엇인가가 있었기 때문입니다. 이것은 고양이나 개도 아닐 것이고 무엇인가 사람 같은 것이 발에 닿았던 것입니다. 보아스는 깜짝 놀라서 이불을 들치고 보니까 사람이었고 여자인 것 같았습니다. 보아스는 너무 놀라서 "네가 도대체 누구냐?"고 물었습니다.

3:8-9, "밤중에 그가 놀라 몸을 돌이켜 본즉 한 여인이 자기 발치에 누워 있는지라 이르되 네가 누구냐 하니 대답하되 나는 당신의 여종 룻이오니 당신의 옷자락을 펴 당신의 여종을 덮으소서 이는 당신이 기업을 무를 자가 됨이니이다 하니"

보아스는 한참 잠들어 있다가 발밑에 누군가가 누워있으니까 깜짝 놀랐습니다. 보아스가 이불을 걷고 보니까 발 밑에 누워있는 것은 여자였습니다. 이것은 보아스가 가장 우려하는 것이었습니다. 차라리 도둑이 와서 보리를 훔쳐가는 것이 낫지, 여자가 보리밭에 들어와서 보아스의 이불 안에 들어왔다는 것이 다른 사람에게 알려지면 보아스에 대한 모든 신뢰와 존경이 다 깨어지고 말 것입니다. 요즘으로 치면 '미투'에 해당할 수 있는 것입니다. 보아스는 사람들에게 룻이 자기도 모르는 사이에 이불 안에 들어와 있었다고 해명하겠지만, 그 말을 믿을 사람은 아무도 없을 것입니다.

보아스는 너무 놀라서 "너는 누구냐?"고 물었습니다. 그때 룻은 침착하게 대답했습니다. "저는 당신의 여종 룻입니다. 당신의 옷자락으로 저를 덮어주세요. 제가 여기에 있는 것은 당신이 저의 기업을 무를 자이기 때문입니다." 룻은 자기가 비천한 여종이라고 했습니다. 즉 자신은 당신에게 와서 이런 말을 할 자격이 없는 이방인이라는 뜻입니다.

룻이 보아스에게 옷자락으로 여종의 몸을 덮어달라고 한 것은 물론 지금 날씨가 추우니까 나를 당신의 옷으로 덮어달라는 뜻도 있지만, 이것은 "나와 결혼해서 저를 보호해주시고 지켜주세요"라는 청혼의 의미도 있습니다. 마치 암탉이 병아리들을 날개로 덮어주면 포근하듯이 "이 춥고 미래를 알 수 없는 때에 저는 당신의 보호를 받고 싶습니다. 저를 버리지 마시고 저와 결혼해 주세요"라는 뜻이 있습니다.

서양 남자들이 약혼녀나 애인에게 청혼할 때 여자 친구에게 전혀 이야기를 하지 않고 갑자기 어디서 만나자고 한 뒤에 한쪽 무릎을 꿇고 다이아몬드 반지를 꺼내어서 보여주면서 "Will you marry me?"라고 물어봅니다. 그러면 여자가 깜짝 놀라면서 "Yes! yes!"라고 대답하고는 감격해서 웁니다. 그리고 서로 키스하고 난 후에 남자는 여자 손가락에 반지를 끼워줍니다. 이 당시 이스라엘 사람들은 대개 어렸을 때 부모에 의해서 결혼 대상이 정해졌습니다. 그래서 서로 직접 청혼할 일은 거의 없었던 것 같습니다.

이때 보아스가 아내가 있었는지 없었는지, 아니면 또 다른 아이가 있었는지 없었는지는 알 수 없습니다. 그러나 룻은 이야기했습니다. "당신은 하나님의 법으로 나와 재혼해 줄 수 있는 기업 무를 자입니다. 나는 그 하나님의 말씀에 의지해서 당신에게 저와 재혼해 줄 것을 요청합니다. 그러나 원치 않으시면 얼마든지 아니라고 말씀하셔도 좋습니다."라고 말하고 있는 것입니다.

룻은 하나님의 말씀에 의지해서 보아스에게 재혼을 요청하고 있습니다. 이것은 결코 보아스를 유혹하는 것도 아니고 재정적인 도움을 요청하는 것도 아니었습니다. "하나님의 율법에는 기업 무를 자가 과부와 재혼할 수 있는데 당신은 그것을 할 의사가 있습니까? 없습니까?" 하는 것을 당사자인 룻이 기업 무를 대상인 보아스에게 직접 물어보는 것이었습니다.

옛날 중세 때 아무리 왕이 내린 결정이라 하더라도 부당한 명령이라고 생각되면 그 명령에 거절할 수 있었습니다. 그것은 기사 자격을 가진 사람이 왕 앞에 장갑을 던지는 것입니다. 그러면 그 반대는 무시할 수 없고 그 장갑을 던진 사람과 왕의 부하 중에 가장 강한 자와 결투해서 이긴 자의 뜻대로 되게 되는 것입니다. 중세 영화 중에서 〈아이반호〉라는 영화를 보면 왕이 유대인 여자를 마녀로 화형시키라고 합니다. 그때 검은 옷을 입은 기사인 아이반호가 왕 앞에 장갑을 던집니다. 그래서 이 도전은 아무리 왕이라도 무시할 수 없기 때문에 아이반호와 왕의 수비대장이 결투해서 결정하게 됩니다. 왕의 수비대장이 이기면 유대인 여자는 화형을 당하고 아이반호가 이기면 여자는 무죄가 되는 것입니다. 아이반호는 왕의 신하와 결사적으로 싸워서 결국 도끼로 왕의 신하의 가슴을 찍고 결투에서 이겨서 유대인 여자는 무죄로 풀려나게 됩니다.

오늘 우리도 하나님의 말씀으로 도전하면 어느 누구도 무시할 수 없게 됩니다. 그래서 사도 바울은 이렇게 말합니다. "만일 하나님이 우리를 위하시면 누가 우리를 대적하리요? 누가 능히 하나님께서 택하신 자들을 고발하리요?"(롬 8:31, 33). 룻이 지금 보아스에게 하고 있는 것은 하나님의 말씀을 가지고 정식으로 질문하고 있는 것입니다.

칼빈은 자기 친구 니콜라스 콥이 파리대학 총장으로 취임할 때 취임사를 써 준 것 같습니다. 그 내용은 팔복을 기초로 한 아주 복음적인 내용이었습니다. 그런데 프랑스는 아주 심한 가톨릭 국가였습니다. 그래서 총장과 칼빈은 체포령이 내려져서 칼빈은 일단 바젤로 피난 가서 거기서 《기독교강요》 초판을 쓰고 제네바를 들렀다가 스트라스버그로 가서 공부를 더 하려고 생각했습니다. 그때 제네바에서 목회하던 파렐이라는 사람은《기독교강요》의 저자가 제네바에 왔다는 소문을 듣고 찾아가서 제네바에서 하나님의 말씀을 전해달라고 하면서 이 말을 듣지 않으면 저주가 임할 것이라고 했습니다. 그래서 칼빈은 스트라스버그에 가지 못하고 그 무서운 저주의 말에 묶여서 제네바에서 목회하게 됩니다. 이것이 바로 예수님의 이름의 위력입니다.

사도 바울은 이차 전도여행을 떠나면서 일차 전도여행을 하면서 대부흥이 일어났던 곳을 다시 돌아보았습니다. 그리고 북부 갈라디아로 가려고 하는데 길이 자꾸 막혔습니다. 그래서 드로아까지 갔는데 거기서 마게도냐 옷을 입은 어떤 사람이 환상 가운데 나타나서 "여기로 와서 우리를 도와주시오"라고 하는 요청을 듣게 됩니다. 사도 바울은 그것이 하나님의 뜻인 줄 알고 빌립보로 건너가서 마게도냐와 고린도에서 큰 부흥을 일으키게 됩니다.

3. 보아스의 위로

지금 룻에게 가장 어려운 것은 부끄러움이었습니다. 룻은 아무도 보지 않는 밤중에 무작정 보아스에게 쳐들어가서 기업을 무를 자가 되어달라고 요청하고 있었습니다. 그러나 이것은 여자에게는 굉장히 부끄러운 일이 될 수 있었고, 보아스는 룻을 아주 음란한 여자로 오해할 수도 있었습니다. 이것은 룻에게는 죽고 싶도록 부끄러운 일이었습니다. 그래서 보아스는 룻이 부끄러워하지 않도록 룻의 긴장을 먼저 풀어주었습니다.

3:10, "그가 이르되 내 딸아 여호와께서 네게 복 주시기를 원하노라 네

보아스는 룻이 젊은 여자이기 때문에 당연히 젊은 남자와 재혼할
것이라고 생각했습니다. 그러나 그것은 하나님의 축복과는 상관이 없
는 결혼이고 인간적인 사랑이었습니다. 보아스는 아마도 룻보다 훨
씬 나이가 많았던 것 같습니다. 그런데 놀랍게도 보아스에게는 아들
이 없었습니다. 그래서 나중에 보아스와 룻이 결혼해서 아이를 낳았
는데 그 아이는 보아스의 재산과 죽은 사람 말론과 기룐의 재산까지
다 물려받게 됩니다. 즉 따블이 아니라 따따블의 복을 받게 된 것입니
다. 룻은 나이를 생각하지 않았습니다. 그는 젊은 사람이나 부자도 원
하지 않았습니다. 그는 오직 하나님의 축복을 원했습니다. 룻이 하나
님의 축복을 받는 길은 성경 말씀대로 순종하는 것이었습니다.

교인들 중에는 배우자의 나이도 보지 않고 학벌도 보지 않고 키도
보지 않고 믿음만 있으면 결혼하는 사람이 있는데 그것은 정말 잘하
는 것입니다. 이런 사람이 바로 룻의 신앙을 가진 사람입니다. 보아
스는 룻이 처음 가족에 대한 사랑보다 지금이 더 놀랍다고 했습니다.
왜냐하면 처음에는 자기 부모나 민족을 버리고 신앙을 찾아왔지만
이제는 자신의 젊음이나 행복을 버리고 하나님의 축복을 찾았기 때
문입니다.

보아스는 룻이 부끄럽지 않도록 위로를 했습니다.

3:11, "그리고 이제 내 딸아 두려워하지 말라 내가 네 말대로 네게 다
행하리라 네가 현숙한 여자인 줄을 나의 성읍 백성이 다 아느니라"

보아스는 룻이 남자의 이불 밑에 들어온 것을 부끄러워할까 봐 두
려워하지 말라고 하면서 "네가 나를 유혹하러 여기에 온 것이 아니라

는 것을 다 안다"고 했습니다. 즉 보아스는 룻이 현숙한 여인 즉 정숙한 여자라는 사실을 인정해 주었습니다. 그러나 결론적으로 룻의 요청은 보아스에게 받아들여지지 않고 거절되었습니다. 그 이유는 다른 복잡한 사정이 있었기 때문입니다. 룻이 목숨을 걸고 밭에 들어간 결과는 오직 보아스의 위로의 말밖에 없었습니다. 그리고 그의 청혼은 받아들여지지 않았습니다. 그것은 참 실망스러운 일이 아닐 수 없습니다. 우리는 손에 딱 잡히는 응답이 있어야 무엇인가 된 것으로 생각하는데 위로의 말만 들으면 아무것도 되지 않은 것으로 생각하기 쉽습니다. 그러나 우리는 하나님이 위로하시는 말씀을 믿어야 합니다. 그리고 하나님은 더 정확한 때에 정확한 방법으로 응답하실 것이라는 사실을 믿어야 합니다.

언젠가 저는 평신도로 하나님의 일을 하는 것이 성경적이라고 생각해서 그 길을 가려고 노력했습니다. 그러나 그 길은 막혔습니다. 그래서 저는 굉장히 실망하고 7년 정도 평신도로 전도도 하고 가정 교회도 하면서 보내었습니다. 그때 강해 설교자이신 데니스 레인 목사가 와서 두란노에서 강의를 했습니다. 그리고 그 목사님은 단 한 명 누가 나와서 설교하기를 바란다고 했습니다. 저는 평신도이지만 잠바 차림으로 나가서 설교했습니다. 그때 데니스 레인 목사는 대단히 잘했다고 하면서 칭찬했습니다. 그리고 몇 년 후에 신학교를 입학했는데 그때부터는 길이 고속도로였습니다. 신학교도 장학금을 받으니까 경제적으로도 그렇게 어렵지 않았습니다. 신학교 졸업할 때는 일등으로 졸업했습니다. 그리고 성공적으로 개척 교회를 목회한 후 갑자기 대구동부교회로 오게 되었습니다. 이것은 제 분에 넘치는 복이었습니다. 우리는 하나님이 위로하실 때 미래에 축복이 온다는 사실을 믿으시기 바랍니다.

11
생각지 못한 암초

룻 3:12-18

아무리 큰 배를 몰고 거친 바다를 항해하는 선장이라 하더라도 해도를 잘 보고 배를 몰아야지 그렇게 하지 않으면 생각지도 못한 암초를 만나게 됩니다. 일단 배가 암초를 만나게 되면 급히 방향을 틀어서 그곳을 피하든지 아니면 배를 멈추어야 합니다. 그러나 배가 진행하던 속도가 있어서 방향을 완전히 틀지 못하면 그대로 가서 암초에 충돌하는 경우가 있습니다. 그러면 배가 깨어져서 배 안에 물이 들어와서 침수되든지 아니면 배가 두 동강이 나든지 해서 배가 파선되게됩니다. 그러면 배를 타고 있던 많은 사람은 배 안에 갇혀서 죽든지아니면 바다에 빠져서 죽게 됩니다.

이와 마찬가지로 우리가 인생을 살아가는 데 있어서도 생각하지못했던 암초를 만날 때가 있습니다. 사업가들 중에는 사업이 별 탈 없이 잘될 줄 알고 은행에서 싼 이자로 대출받아서 공장을 세우고 건물을 지었는데 갑자기 금리가 오르는 바람에 다 짓지도 못하고 파산하는 경우가 많이 있습니다. 또 리조트나 온천이나 펜션을 수백 억을 들여서 지었는데 생각지도 않게 코로나가 오는 바람에 손님들이 완전히 끊어져서 폐허가 된 곳도 있습니다. 유치원이나 어린이집 같은 곳은 어린이들 숫자가 갑자기 줄어드는 바람에 문을 닫는 경우도 있습니다. 그래서 옛날에는 초등학교 문 앞에는 꼭 문구점이 있었는데 이제는 그런 문구점을 찾아볼 수조차 없게 되었습니다. 그리고 시골에는 너무 인구가 줄어서 웬만한 동네에서는 가게도 없고 약국도 없는 곳이 많고, 심지어는 큰 병원조차도 손님이 없어서 문을 닫는 경우도 있습니다. 바로 인구 절벽의 암초를 만난 것입니다.

그래서 요즘은 무엇을 하나 하려고 해도 겁이 나서 할 수 없습니다. 왜냐하면 언제 어디서 생각하지도 못한 암초가 나타나서 우리의 앞길을 막을 줄 모르기 때문입니다.

1. 룻의 과감한 시도

룻은 베들레헴에 시어머니를 따라와서는 전혀 표시를 내지 않고 조용히 보리 이삭만 주어서 하루하루를 살았습니다. 그런데 시어머니 나오미는 더 깊은 생각을 하고 있었습니다. 그것은 룻이 자기가 죽고 난 뒤에도 굶주리지 않고 안정된 생활을 하려고 하면 반드시 율법에 정해진 대로 친족과 재혼해야 한다는 생각이었습니다. 그런데 룻이 처음 나가 보리 이삭을 주웠던 밭이 친족인 보아스라는 사람의 밭이었습니다. 그리고 보아스는 룻에게 여러 가지 호의를 베풀어주었습니다. 그래서 첫날부터 룻은 운이 좋게도 많은 보리를 가져올 수 있었습니다.

그런데 나오미는 그것을 통해 하나님의 뜻을 생각해보았습니다. 즉 룻이 첫날부터 우연히 보아스의 밭에 가서 보리 이삭을 주웠다고 하지만 과연 이것이 우연이겠느냐 하는 것입니다. 나오미는 하나님께서 무슨 뜻이 있어서 룻의 발길을 보아스의 밭으로 인도하신 것이라고 생각했습니다. 그리고 보아스가 룻에게 호의를 베푼 것도 고맙지만, 보아스는 죽은 나오미의 남편이나 아들과 가까운 친척이었습니다. 물론 형이 자식 없이 죽으면 동생이 과부인 형수와 재혼해서 아이를 낳아주는 것이 하나님의 법이고 풍습이었지만, 동생이 없는 경우에는 가까운 친족이 그 역할을 해 줄 수도 있었습니다. 그러나 친척들은 과부와 재혼을 잘해주려고 하지 않았습니다. 왜냐하면 이런 재혼은 완전히 자기쪽만 손해를 보게 되기 때문입니다.

나오미는 룻이 주워온 보리 이삭으로 만족하지 않고 하나님의 뜻을 생각했습니다. 즉 보아스가 우리 친족이라면 보아스가 나이 많기는 하지만 룻이 보아스와 재혼하는 것이 하나님의 뜻인지 아닌지 생각했습니다. 그냥 생각만 하면 아무 소용이 없습니다. 이런 것은 천사가 알려주는 것도 아니고 하나님이 음성으로 말씀하시지도 않기 때문에 본인이 직접 확인하는 수밖에 없습니다. 그렇다고 해서 나오미가 직접 보아스를 만나서 물어볼 수도 없었습니다. 나오미는 늙었고 이런 문제는 예민한 문제였기 때문에 중간에 누가 개입하기보다는 본인들끼리 만나서 확답받는 것이 가장 좋은 방법이었습니다. 그러나 본인들끼리 만났는데 결혼에 대하여 확신이 들지 않는다든지 서로에게 마음이 끌리지 않으면 이것은 안 되는 일입니다. 이것은 한평생에 단한 번 찾아오는 기회였던 것입니다.

나오미는 룻이 보아스와 결혼하는 것이 하나님의 뜻인지 확인해보기로 했습니다. 그래서 나오미는 룻에게 오늘은 목욕하고 머리를 감고 기름을 바르고 좋은 옷을 입고 숨어 있으라고 했습니다. 그리고 보아스가 식사하고 포도주를 마시고 보리밭 어디에 눕는지 확인한 후에 아무도 없을 때 보아스가 누운 데 가서 보아스에게 결혼해주겠는지 물어보라고 했습니다.

룻은 시어머니가 말한 대로 목욕하고 예쁜 옷으로 갈아입은 후 아무도 없을 때 보아스가 자는 곳에 가서 이불을 들치고 보아스의 발치에 누웠습니다. 이것은 룻으로서는 정말 상상할 수 없는 과감한 도전이었습니다. 보아스는 잠을 자다가 몸을 움직였던 모양인데 갑자기 발에 무엇인가 걸리는 것이 있었습니다. 보아스는 깜짝 놀라서 이것이 무엇인가 하고 이불을 들쳐보니까 여자였습니다. 보아스는 보리밭에 자는데 여자가 들어오는 것을 가장 우려했습니다. 왜냐하면 보아스가 아무리 조심한다고 해도 그런 일이 일어날 수 있었기 때문입니다.

보아스는 놀라서 "너는 누구냐?"고 물으니까 그 여자는 "저는 당신의 여종 룻입니다. 날씨가 추우니까 당신의 옷자락으로 저를 덮어주세요"라고 대답했습니다. 여기 '옷자락으로 덮어준다'는 것은 춥지 않도록 보호해 준다는 뜻도 있지만, '저를 지켜주세요', '저와 결혼해서 보호해주세요'라는 뜻이기도 했습니다. 나오미는 룻이 보아스의 밭에 보리 이삭을 주우러 간 것이 단순한 '우연'이 아니라 하나님의 인도하심일 수도 있다고 생각했습니다. 왜냐하면 우리 인생에 '우연히' 일어나는 일이라고는 없기 때문입니다. 그러나 생각만 하고 가만히 있기만 하면 아무 일도 일어나지 않습니다. 우리는 인간이기 때문에 실패할 수도 있습니다. 그것을 각오해야 하는 것입니다.

2. 유혹의 가능성

다른 사람은 보이지 않고 조용하기만 한 넓은 보리밭에 달빛은 고요히 비치고 젊고 아름다운 룻이 보아스에게 옷자락으로 자기를 덮어달라고 했을 때 이 장면을 그려보면 너무나도 아름답고 감동적입니다. 보아스가 아무리 신앙이 좋다고 해도 막상 아름다운 젊은 여성이 나타나서 자기를 안아달라고 하면 아마 안아주었을 것입니다.

한때 우리가 즐겨 불렀던〈보리밭〉이라는 노래 가사를 보면, 어떤 사람이 보리밭 사이를 걸어가는데 누군가 자기를 부르는 소리가 들립니다. 그래서 뒤를 돌아보니까 아무도 보이지 않고 옛날에 데이트했던 여자만 생각이 난다는 것입니다. 요즘은 보리농사를 짓지 않으니까 전북 고창 같은 곳에는 일부러 청보리밭을 만들어서 젊은 남녀들이 찾아오게 한다고 합니다. 그러나 옛날에는 남녀가 만나서 사랑하려고 해도 적당한 장소가 없었기에 주로 보리밭이라든지 갈대밭 같은 데를 데이트 장소로 사용했던 것입니다.

더욱이 달이 환하게 비치는 밤은 남자나 여자들이 서로 사랑하지 않고서는 견딜 수 없는 분위기인 것 같습니다. 셰익스피어의 작품 《로미오와 줄리엣》을 보면, 로미오가 가면무도회에서 줄리엣을 한번 보고 난 후에 혼자 남아서 줄리엣 집의 베란다를 타고 올라가서 베란다에 나와 독백하고 있는 줄리엣에게 "사랑합니다. 우리 결혼해요. 저 달을 두고 맹세합니다"라고 사랑을 고백하는 장면이 나옵니다. 그러고 나서 이들의 비극적인 사랑이 시작됩니다.

《사과나무(the apple tree)》라는 소설도 보면, 한 대학생이 다리를 다쳐서 시골농장에서 쉬면서 달이 비치는 밤에 그 농장에 있는 아가씨를 만나서 결혼하자고 이야기합니다. 그러나 그는 그 아가씨와 결혼하지 않습니다. 그 소설에는 봄이 사람을 미치게 하는 것 같다고 했습니다. 모든 것은 봄 때문이라고 했습니다. 그러나 사실은 달 때문입니다. 그래서 달을 형용사로 하면 'lunar'라고 하는데 여기서 'lunatic'이라는 말이 나왔습니다. 이 단어는 '미친'이라는 뜻이 있습니다. 달을 보면 늑대도 울부짖고 개들도 짖고 남자나 여자는 바람이 나는 것 같습니다.

하여튼 그때 분위기가 너무 낭만적이어서 보아스가 룻에게 키스하고 안으면서 '당장 우리 결혼하자'고 하면 사탄의 시험에 걸려들게 되는 것입니다. 왜냐하면 적어도 그때만 해도 보아스는 룻과 결혼할 자격이 없었기 때문입니다. 보아스는 룻을 너무 사랑했지만 그녀의 청혼을 받아들일 수 없다고 거절합니다. 그렇지만 오늘 밤에 룻이 자기에게 찾아온 것은 자기를 유혹하기 위해서라거나 룻이 바람기가 있어서 그렇게 한 것이 아니라고 하면서 그녀를 위로합니다. 역시 보아스는 신사였습니다. 우리 모든 크리스천도 여성에게 젠틀맨이 되어야 합니다. 보아스는 밤에 자기 이불 밑에 들어온 룻을 현숙한 여자라고 말합니다. 이것은 정말 무참하게 짓밟힐 수 있는 룻의 믿음을 지켜주는 것이었습니다.

우리가 신앙생활을 아무리 오래 해도 유혹에 넘어가는 것은 한순간입니다. 교회는 아무리 오래 다녀도 뇌물받는 것은 일 분도 걸리지 않습니다. 신앙생활을 어렸을 때부터 해도 화가 나서 남을 때리거나 욕하는 데는 일 분도 채 걸리지 않습니다. 아무리 열심히 선교하고 봉사해도 유혹에 넘어가는 데는 십 분도 걸리지 않습니다.

사람은 아무리 신앙이 좋다 하더라도 아무도 없는 곳에서 남녀 둘만 있으면 한순간에 유혹에 넘어갈 가능성이 큽니다. 그런데 보아스는 룻을 지켜주었습니다. 그것은 하나님께서 룻과 보아스를 지켜주셨기 때문입니다.

요즘 우리 주위에는 우리를 잡아먹으려고 하는 악어들이 입을 벌리고 주위를 에워싸고 있습니다. 그래서 베드로 사도는 마귀가 우는 사자 같이 돌아다니고 있다고 했습니다(벧전 5:8). 우리는 하나님이 지켜주셔야 죄를 짓지 않을 수 있습니다.

우리는 마치 살얼음 위를 걷는 것 같은 세상을 살아가고 있습니다. 또 우리는 완전히 눈으로 덮여서 얼어있는 산을 올라가는 것과 같습니다. 만일 우리가 한순간만 잘못 삐꺽하면 천 길 낭떠러지로 굴러 떨어지게 됩니다. 이 세상에서 가장 위험한 존재는 자기 자신입니다. 자살하는 사람들은 자기가 자기를 죽이는 것입니다. 이 세상에 자기 자신보다 더 위험한 적은 없습니다. 아마 보아스나 룻은 거기서 하나님을 꽉 붙잡았던 것 같습니다.

3. 생각지도 못한 암초

룻은 과감하게 보아스에게 청혼하고 보아스는 룻을 좋아했습니다. 그렇지만 그들이 결혼하지 못하게 막는 암초가 있었습니다. 그것은 보아스보다 가까운 친척이 한 명 더 있다는 것입니다. 일단 모든 것은 그 사람에게 우선권이 있었습니다. 그 사람이 룻과 재혼하겠다고 하면 재혼을 하는 것이고, 룻을 아내로 삼겠다고 하면 삼는 것이었습니다. 이것은 율법이기 때문에 룻과 보아스가 아무리 서로 좋아하고 달빛 아래서 결혼하자고 약속했어도 소용없는 것이었습니다.

3:12-13, "참으로 나는 기업을 무를 자이나 기업 무를 자로서 나보다 더 가까운 사람이 있으니 이 밤에 여기서 머무르라 아침에 그가 기업 무를 자의 책임을 네게 이행하려 하면 좋으니 그가 그 기업 무를 자의 책임을 행할 것이니라 만일 그가 기업 무를 자의 책임을 네게 이행하기를 기뻐하지 아니하면 여호와께서 살아 계심을 두고 맹세하노니 내가 기업 무를 자의 책임을 네게 이행하리라 아침까지 누워 있을지니라 하는지라"

보아스는 나오미의 친척인 것은 틀림없지만 우선순위에서 밀렸습니다. 지금 룻의 운명은 다시 정처 없이 떠내려가게 되었습니다. 왜냐하면 보아스는 신앙도 좋고 믿을 수 있는 사람이지만, 더 가까운 친척이 어떤 사람인지 룻은 전혀 알지 못했기 때문입니다. 그 친척이 룻을 사랑할지 아니면 종처럼 부려 먹으려는 사람인지, 실컷 이용만 하고 버릴 사람인지 알 수 없었습니다. 그리고 지금 나오미가 없는 보리밭에서 보아스에게 이런 말을 들었을 때 룻은 어떻게 해야 할지 알 수 없었습니다. 그런데 사실 보아스보다 더 가까운 친척은 아주 이기적인 사람이었고 별로 좋은 사람이 아니었습니다. 룻을 이런 남자에게 맡겼다가는 한평생 구박만 받고 고생만 할지도 모르는 일이었습니다. 이때 보아스는 역시 성숙한 성도의 모습을 보여주었습니다.

우선 지금 한밤중에 룻이 보아스의 이불 안으로 들어왔는데, 보아스는 룻에게 결혼할 수 없으므로 나가라고 할 수 없었습니다. 왜냐하면 밤길에 룻이 또다시 집에 가는 것은 위험하기도 하고 룻에게는 굉장히 처량한 신세일 수도 있었기 때문입니다. 그래서 보아스는 일단 여기서 자라고 했습니다. 아마 이불이 컸다면 이불에 경계선을 그어서 넘어가지 않겠다고 약속했을 것입니다. 그렇게 보아스는 룻이 어두운 밤에 집에 돌아가지 않게 했습니다. 그리고 앞으로 어떻게 해야 할지 알지 못하는 룻에게 자기가 대리인 역할을 해주겠다고 약속했습니다. 즉 룻이 우선순위 친척을 찾아가지 않아도 보아스가 그 사람을 만나서 물어봐 주겠다고 했습니다. 그래서 그 친척이 룻과 결혼하겠다고 하면 나는 어쩔 수 없고, 만일 그 사람이 하지 않겠다고 하면 자기가 남편이 되어주겠다고 했습니다. 결국 룻에게 가장 어려운 문제를 보아스가 맡아주겠다고 약속한 것입니다. 이것만 해도 룻에게는 너무나도 어려운 짐을 보아스가 져주는 것이었습니다.

우리가 정말 다른 사람에게 말하기 어려운 것을 누군가가 대신해주겠다고 한다면 마음의 짐이 얼마나 가벼워지는지 모릅니다. 목회자도 다른 사람에게 직접 말하기 너무 어려운 것들이 있습니다. 그것을 장로님들이나 부목사나 집사님이 말해주면 짐이 훨씬 가벼워지게 됩니다. 그런데 그런 짐까지 지려고 할 때 스트레스를 받아서 병들게 됩니다. 확실히 보아스는 룻을 돕는 자로 하나님이 보내신 것이 틀림없었습니다.

그러나 이때 룻은 조심해야 할 것이 있었습니다. 그것은 밤에 여인이 타작마당에 들어온 것을 아무도 알아서는 안 된다는 것이었습니다.

3:14하, "보아스가 말하기를 여인이 타작 마당에 들어온 것을 사람이 알지 못하여야 할 것이라 하였음이라"

만일 룻이 너무 타작마당에 꾸물거리고 오래 있다가 다른 사람들이 일하러 와서 보아스의 이불 밑에서 룻이 나오는 모습을 보게 된다면 이것은 보아스나 룻의 정절에 큰 망신을 주게 되는 것이고 그 소문은 당장 온 베들레헴 성안에 다 퍼지고 말 것입니다. 그때는 보아스나 룻이 아무리 변명해도 사람들은 절대로 믿어주지 않을 것입니다.

그래서 보아스는 룻에게 서로 사람들이 알아볼 수 없을 정도로 캄캄할 때 보리밭을 떠나라고 했습니다. 그러나 보아스는 룻이나 나오미가 최선을 다해서 프러포즈했지만 이것이 하나님의 뜻이 아니라는 것을 알았을 때 얼마나 그들이 낙심하고 부끄러워할 줄 잘 알고 있었습니다. 여성들은 자존심이 상하면 너무나 큰 수치감을 느끼게 되고 이것은 한평생 마음속에 응어리로 남아 있게 됩니다. 그래서 보아스는 룻이 빈손으로 돌아가지 말아야 룻이나 나오미의 마음이 허전하지 않으리라는 것을 알았습니다. 이때 보아스는 룻에게 겉옷을 펴서 잡으라고 하고 그 겉옷에 보리를 여섯 번을 퍼서 담아 주었습니다.

3:15, "보아스가 이르되 네 겉옷을 가져다가 그것을 펴서 잡으라 하매 그것을 펴서 잡으니 보리를 여섯 번 되어 룻에게 지워 주고 성읍으로 들어가니라"

그리고 17절에 보면 보아스가 한 말이 나오는데 "빈 손으로 네 시어머니에게 가지 말라"고 했습니다. 보아스는 아무리 자기가 나오미나 룻의 요청을 들어주고 싶어도 들어줄 수 없는 처지임을 잘 알았습니다. 그렇지만 룻이나 나오미의 마음이 부끄럽지 않도록 보리를 여섯 번이나 되어 주면서 빈손으로 집에 가지 않게 했습니다.

그래서 여성에게는 논리적으로 맞느냐 틀리느냐 하는 것보다 감정적으로 내가 무시당하느냐 무시당하지 않느냐 하는 것이 더 중요하다는 것을 알 수 있습니다. 그래서 남자들은 여성들이 무엇인가 받아들일 수 없는 부탁을 했을 때 그냥 매몰차게 안 된다고 하지 말고, 베이커리에 가서 생크림 케이크라도 사주면서 미안하다고 말하면 그 마음이 덜 부끄러울 것입니다.

3:18, "이에 시어머니가 이르되 내 딸아 이 사건이 어떻게 될지 알기까지 앉아 있으라 그 사람이 오늘 이 일을 성취하기 전에는 쉬지 아니하리라 하니라"

좌우간 나오미의 계획은 빗나갔습니다. 이제 룻의 운명은 모르는 친척의 손에 달리게 되었습니다. 그런데 그 사람은 나중에 보면 알게 되지만 비열하고 이기적이며 좋은 사람이 아니었습니다. 나오미와 룻의 실패를 어떻게 봐야 합니까? 그러나 드라마나 영화에서 주인공과 엑스트라는 바뀌지 않습니다. 지금 이 드라마의 주인공은 룻이고 나오미이고 보아스입니다. 그 모르는 친척은 엑스트라에 불과합니다. 우리가 언제나 주인공이라는 생각을 가지고 매 순간 최선을 다한다면 모든 것이 아름답게 이루어지게 될 것입니다.

12

엑스트라의 등장

롯 4:1-6

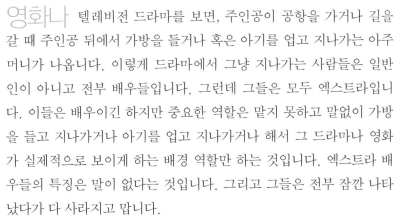 텔레비전 드라마를 보면, 주인공이 공항을 가거나 길을 갈 때 주인공 뒤에서 가방을 들거나 혹은 아기를 업고 지나가는 아주 머니가 나옵니다. 이렇게 드라마에서 그냥 지나가는 사람들은 일반인이 아니고 전부 배우들입니다. 그런데 그들은 모두 엑스트라입니다. 이들은 배우이긴 하지만 중요한 역할은 맡지 못하고 말없이 가방을 들고 지나가거나 아기를 업고 지나가거나 해서 그 드라마나 영화가 실제적으로 보이게 하는 배경 역할만 하는 것입니다. 엑스트라 배우들의 특징은 말이 없다는 것입니다. 그리고 그들은 전부 잠깐 나타났다가 다 사라지고 맙니다.

경북에 있는 문경새재를 가면 드라마 사극 촬영하는 장면을 자주 볼 수 있습니다. 한번은 문경새재 길을 내려오는데, 고려 시대 때 옷을 입은 여자 여러 명이 성벽 쪽으로 올라가는 모습을 보았습니다. 그래서 잠깐 제가 헷갈렸습니다. '지금 내가 고려 시대로 돌아갔나? 왜 여인들이 모두 고려 시대 옷을 입고 있을까?' 라고 생각했는데, 이들은 모두 사극에 나오는 엑스트라들이었습니다.

시어머니 나오미와 며느리 룻이 신앙을 찾아서 베들레헴에 온 것은 바람직한 일이었지만, 그들에게는 당장 먹고살 길이 없었습니다. 그들에게는 집도 없었고 밭도 없었고 돈도 없었습니다. 시어머니 나오미가 가만히 생각해보니까 자기가 죽고 나면 이 예쁘고 마음씨 좋은 며느리가 할 수 있는 일은 구걸하는 일밖에 없을 것 같았습니다. 나오미는 어떻게 하면 하나님을 믿으려고 자기 나라와 친척과 종교를 버리고 여기로 온 룻이 굶주리지 않고 행복하게 살 수 있을까 그것만 생각했습니다. 모압 같은 나라에서는 과부라도 젊고 예쁘면 젊은 사람을 만나서 얼마든지 재혼할 수 있었지만, 이스라엘에서는 과부의 재혼법이 까다로워서 동생이나 친척이 결혼해주지 않으면 땅이나 기업을 가질 수 없었습니다. 그러나 룻은 시동생이 죽어버렸기 때문에 재혼해 줄 사람이 없었습니다. 가까운 친척이 동생 대신 재혼해 줄 수도 있었지만 실제로 그렇게 해주는 사람은 거의 없었습니다. 왜냐하면 재혼하면 그것으로 끝나는 것이 아니라 그들이 팔아버린 집도 도로 사주어야 하고 밭도 도로 사주어야 하고, 아이를 낳아도 자기 아들이 되지 못하기 때문입니다.

1. 실패한 룻의 청혼

　나오미와 룻이 이스라엘로 돌아왔을 때는 긴 흉년이 끝나고 비가 와서 보리를 추수할 때였습니다. 이때 룻은 시어머니에게 "우리에게 당장 먹을 것도 없는데 하늘에서 양식이 떨어지기를 기다리기보다는 젊은 제가 아무 밭이나 나가서 추수하는 사람들이 흘린 보리 이삭을 주워 오겠습니다. 그러면 하루 먹을 양식은 구할 수 있을 것입니다"라고 말했습니다. 시어머니 나오미는 그것이 좋겠다 싶어서 허락했습니다. 그래서 룻은 첫날 우연히 보리 이삭을 주우러 갔는데 찾아간 그 밭이 보아스라는 사람의 밭이었습니다.

보아스는 재산이 넉넉하고 이스라엘 사회 안에서 발언권이 센 사람이었는데, 룻을 상당히 좋게 생각했습니다. 왜냐하면 이스라엘 사람들도 할 수만 있으면 늙은 시어머니나 친부모님을 모시지 않으려고 하고, 할 수만 있으면 하나님을 버리고 이방 나라로 도망치려고 하는데, 룻은 그와 반대로 늙은 시어머니를 섬기기 위해서 민족과 자기 나라 신을 버리고 하나님을 믿으려고 베들레헴까지 왔기 때문이었습니다. 요즘도 우리나라에 예수는 믿지만 교회를 나가지 않는 가나안 족이 많이 있는데 이 당시에도 가나안 족이 많았던 것 같습니다. 어떻게 보면 룻의 시아버지나 남편이나 시동생도 하나님을 믿지 않으려고 흉년을 핑계 삼아 이스라엘에서 도망친 가나안족들이었습니다. 그러나 나오미는 한때는 가나안족이었지만 하나님을 믿지 않는 며느리 룻까지 전도해서 하나님께로 돌아왔던 것입니다.

언젠가 한번 어느 교회에서 부흥회를 인도한 적이 있습니다. 그때 우연히 그 교회 성가대 지휘자와 이야기하게 되었는데, 제가 그에게 "주일이 아닌 때는 무슨 일을 하면서 지내십니까?" 물어보았습니다. 그랬더니 그가 대답하는 말이 재미있었습니다. "주님이 기뻐하시지 않는 일을 하면서 지내고 있습니다." 그래서 저는 궁금해서 "어떤 일입니까?"라고 물었더니 평일에는 술집 밤무대에 가서 밴드 지휘한다는 것이었습니다. 그래서 제가 하나님께 온전한 찬양을 드리려고 하면 술집에서 지휘하는 것을 그만두어야 하지 않겠느냐고 했더니, 그 지휘자도 순순하게 "그렇지 않아도 이번 부흥회에 은혜를 받고 술집에 나가는 것을 때려치우려고 합니다. 그런데 그것을 그만두면 먹고 살 길이 막막합니다"라고 대답했습니다.

나오미와 룻도 하나님을 온전히 믿으러 이스라엘에 온 것까지는 좋았지만 그 땅에는 그들이 먹고살 길이 없었습니다. 그런데 룻이 우연히 찾아갔던 밭의 주인 보아스는 룻에게 많은 도움을 주었을 뿐 아니라 나오미와 가까운 친척이었습니다. 그래서 나오미는 추수하는 동안 기도하면서 생각하다가 추수가 끝날 즈음에, 타작한 보리밭에서 잠을 자는 보아스에게 룻을 직접 보내서 "당신은 나의 기업을 무를 자입니다"라고 하면서 청혼하게 했습니다.

룻과 보아스 사이에는 나이 차이가 컸습니다. 그래도 룻은 자기가 이스라엘 백성이 되기 위해서라면 나이도 포기하고, 젊은이와 재혼해서 알콩달콩 사는 것도 포기하고, 보아스가 좋다고만 하면 재혼할 생각이었습니다. 그러나 보아스는 룻을 한 하나님을 믿는 사람으로 아름답게 생각했지, 여자로는 한 번도 생각한 적이 없었습니다. 왜냐하면 룻이 자기같이 늙은 남자를 결혼의 상대자로 생각하리라고는 꿈에도 생각하지 않았기 때문입니다. 그러나 룻이 깨끗하게 목욕하고 새 옷을 입고 자기 이불 밑에 들어와서 옷깃으로 덮어달라고 했을 때, 보아스는 처음으로 룻을 여자로 생각하게 되었습니다. 보아스에게 룻은 너무나도 과분한 젊고 아름다운 여성이었습니다.

보아스가 보기에 룻은 여자로서도 너무나 매력적이고 사랑하고 싶은 여자였습니다. 그러함에도 보아스가 룻을 옷자락으로 덮어주면서 "나도 당신을 사랑합니다. 당장 여기서 결혼을 해버립시다"라고 했다면, 보아스와 룻은 이스라엘의 법에 걸리게 되었을 것입니다. 왜냐하면 보아스보다 더 가까운 친척이 있었기 때문입니다. 룻과 재혼하는 문제는 순위가 더 빠른 그 가까운 친척에게 달려 있었습니다. 그 사람이 룻과 재혼하겠다고 하면 보아스가 아무리 룻을 좋아한다고 해도 결혼할 수 없었습니다. 그래서 보아스는 룻에게 이 청혼을 받아들일 수 없다고 거절했습니다.

룻은 보아스에게 직접 청혼하기 위해서 엄청나게 긴장하고 준비했고, 자신의 모든 것을 내려놓고 사람들에게 맞아죽을 각오하고 보아스에게 청혼했던 것입니다. 그러나 보아스는 자기에게는 결혼할 권한이 없다고 거절했습니다. 룻과 나오미는 얼마나 실망했겠습니까?

완전히 헛다리를 짚은 것이었습니다. 보아스가 친척 순위에서 밀림으로 나오며나 룻의 모든 기대와 소망은 사라지게 되었습니다. 룻은 이젠 더 이상 재혼에 대해 생각할 자신도 없었습니다. 왜냐하면 이것은 너무나도 부끄러운 일이었기 때문입니다.

그러나 역시 보아스는 신사였습니다. 보아스는 너무나도 실망하고 부끄러워하는 룻에게 빈손으로 집에 가지 말라고 보리를 겉옷에 여섯 되나 되어주었습니다. 그리고 룻에게 자기가 그 가까운 친척을 만나서 재혼의 의사가 있는지 대신 물어봐 주겠다고 약속했습니다.

성령을 '보혜사'라고 하는데 '보혜사'는 헬라어로 '파라클레토스'입니다. 이것은 옆에서 대언해주는 사람을 말합니다. 예를 들어서 어린이는 자신의 의사를 잘 표현하지 못합니다. 그때 어머니가 아이를 대신해서 따질 것은 따지고 바로 잡을 것은 바로 잡아줍니다. 이때 어머니가 아이의 '파라클레토스'인 것입니다. 일반인들은 소송이 붙었을 때 법적인 문제를 잘 알지 못합니다. 그때 변호사가 옆에서 당사자를 대신해서 모든 것을 다 대변해 줍니다. 특히 형사소송 같은 경우에는 변호사를 잘 쓰느냐 못 쓰느냐에 따라서 무죄가 되기도 하고 유죄가 되기도 합니다. 아기는 말을 잘하지 못해서 옹알옹알한다든지 떼떼거리면서 자기 의사를 표현합니다. 그러나 엄마는 아기가 무슨 말을 하는지 다 알아듣고 해석해줍니다. 마찬가지로 우리가 하나님께 기도할 때도 기도해야 할 것이나 기도하지 말아야 할 것이나 닥치는 대로 기도할 때가 많습니다. 그러나 성령님과 보좌 우편에 앉으신 하나님의 아들께서는 우리의 기도를 잘 정리해서 하나님께 말씀을 드려서 응답받게 하십니다.

이때 룻에게 가장 힘든 일은 또 다른 친척에게 재혼해 달라고 부탁하는 것인데, 그것은 죽어도 하기 싫었습니다. 보아스는 그것을 자기가 대신해주겠다고 함으로써 룻의 짐을 가볍게 해 주었습니다.

2. 보아스가 기업 무를 자를 만남

요즘 부모가 자녀에게 유산을 남길 때 구두로 무엇은 누구에게 주고 무엇은 누구에게 준다고 말해도 아무런 법적인 효력이 없습니다. 문서로 작성해서 사인을 해도 소용이 없습니다. 유산 문제는 반드시 문서로 작성한 후 공증을 받아두어야 합니다. 그러면 이것은 일차 판결과 같은 효력을 가집니다. 그것을 모르고 말로만 "집은 누구에게 주고, 밭은 누구 주고"라고 해봐야 아무 소용없고 자녀들 사이에 다툼만 일어나게 됩니다.

보아스는 더 가까운 친족과의 대화를 공증 받아놓을 준비를 했습니다. 보아스는 룻과 헤어진 후에 아침 일찍이 성문으로 올라갔습니다. 왜냐하면 이 당시 성문은 중요한 재판을 하는 장소였기 때문입니다. 그리고 보아스가 말하던 그 우선순위를 가진 친척이 언젠가는 한번 반드시 지나갈 것이기 때문이었습니다.

4:1-2, "보아스가 성문으로 올라가서 거기 앉아 있더니 마침 보아스가 말하던 기업 무를 자가 지나가는지라 보아스가 그에게 이르되 아무개여 이리로 와서 앉으라 하니 그가 와서 앉으매 보아스가 그 성읍 장로 열 명을 청하여 이르되 당신들은 여기 앉으라 하니 그들이 앉으매"

보아스는 룻의 재혼 문제를 법적으로 공증 받아서 누구도 끼어들 수 없게 하려고 했습니다. 그래서 아침부터 성문에 올라가서 더 가까운 친척이 지나가기를 기다렸습니다. 드디어 그 순위가 빠른 친척이 성문 옆을 지나가고 있었습니다. 보아스는 그 친척을 불렀습니다. "아무개여, 이리로 와서 앉으라"고 했습니다. 성경이 그 친척의 이름을 말하지 않고 '아무개'라고 한 이유는, 그 사람은 이름을 말할 정도로 가치 있는 사람이 아니었기 때문입니다. 그는 전혀 중요하지 않은 엑스트라였습니다.

그리고 보아스는 다시 베들레헴 성읍의 장로들 열 명을 불렀습니다. 장로 열 명의 증언은 법적인 효력을 가지고 있었습니다. 장로들 열 명부터는 열한 명이든지 열두 명이든지, 백 명이든지 효력이 똑같았습니다. 이것은 요즘으로 치면 룻의 문제를 법적으로 공증 받는 것이었습니다.

보아스는 그 기업 무를 아무개에게 말했습니다.

4:3-4, "보아스가 그 기업 무를 자에게 이르되 모압 지방에서 돌아온 나오미가 우리 형제 엘리멜렉의 소유지를 팔려 하므로 내가 여기 앉은 이들과 내 백성의 장로들 앞에서 그것을 사라고 네게 말하여 알게 하려 하였노라 만일 네가 무르려면 무르려니와 만일 네가 무르지 아니하려거든 내게 고하여 알게 하라 네 다음은 나요 그 외에는 무를 자가 없느니라 하니 그가 이르되 내가 무르리라 하는지라"

여기서 "기업 무를 자"라는 말은 의역이라고 앞에서 말씀드렸습니다. 원래 히브리어로는 '고엘'인데, 다른 데서는 '피의 보복자' 또는 '가까운 친족'으로 번역되기도 합니다. 이 사람은 가까운 여자 친척 중에서 불륜이 발각되면 돌로 쳐 죽이기도 하고 요즘처럼 기독교로 개종하는 자가 있으면 칼로 찔러 죽이기도 합니다. 그리고 과부로서 재혼하고 싶으면 재혼해서 그의 재산을 돌려줄 수도 있습니다.

보아스는 자기보다 더 가까운 친척에게 "죽은 엘리멜렉의 아내 나오미가 모압에서 돌아와서 자기 남편의 땅을 다시 사려고 하는데, 만약 네가 사줄 의사가 있으면 고엘이 되라. 그렇지 않으면 친척 중에 가까운 사람은 나밖에 없으니까 내가 고엘이 되겠다"고 말했습니다. 그런데 여기에 보면 나오미가 엘리멜렉의 소유지를 팔려고 한다고 말하고 있습니다. 사실 이것은 이미 다른 사람에게 벌써 넘어간 땅입니다. 그런데 이 땅을 도로 찾아야 하겠는데 그 땅을 사서 나오미에게 물려줄 사람이 엘리멜렉의 가장 가까운 친척인 네가 할 일이라고 했습니다.

이때 그 가까운 친척은 머리를 굴려서 수학적으로 계산했습니다. 즉 자기가 기업 무를 자가 되어서 엘리멜렉의 땅을 도로 사서 나오미에게 물려주면, 나오미는 이미 늙어서 이 사람과 재혼해봐야 아이를 낳을 수 없으니까 자기가 산 땅은 고스란히 자기 땅이 되는 것입니다. 이것은 바로 가까운 친척이 재산을 증식할 수 있는 너무나도 좋은 기회였던 것입니다. 이스라엘 사람들은 돈이 있다고 해서 남의 땅을 마음대로 살 수 있는 것이 아니었습니다. 즉 자기 땅을 넓힐 수 있는 유일한 기회는 바로 나오미처럼 남편이 죽고 재혼했지만 아이를 낳지 못했을 때 그 땅은 기업 무를 자의 것이 되는 길이었습니다. 가까운 친척이 생각해보니까 나오미와 재혼해서 땅을 사주는 것은 완전히 복덩이가 굴러오는 것과 같았습니다. 나오미는 아무리 결혼해봐야 아이를 낳을 수 없을 것이고, 결혼 생활조차도 안되니까 자기는 손해 보는 것이 하나도 없고 땅만 넓히는 셈이 되리라 생각했습니다.

우리는 이해가 잘되지 않지만 미국이나 영국 같은 나라에서 사십 대 남자가 육십이 넘은 할머니와 결혼하는 경우가 있습니다. 아무리 서로 좋아한다고 해도 육십이 넘은 할머니와는 결혼이 안 될 것 같은데 결혼하는 젊은 사람들이 있습니다. 그들이 노리는 것은 바로 그 할머니의 재산입니다. 그런 할머니들도 이것을 다 알면서 혼자 사니까 너무 외롭고, 또 젊은 남자가 자기에게 잘해주니까 결혼해서 같이 사는 것입니다. 우리 할머니들은 이런 남자들에게 속지 마시기 바랍니다.

그런데 가까운 친척은 보아스에게 열 명의 장로들 앞에서 자기가 나오미와 결혼해서 그 재산을 사주겠다고 말했습니다. "그가 이르되 내가 무르리라 하는지라." 이 한마디로 그동안 나오미의 모든 기도와 룻의 기대와 보아스의 노력은 모두 끝장나고 말았습니다. 나오미는 보아스를 믿었습니다. 룻도 보아스 같으면 자신의 미래를 맡길 수 있겠다고 생각했습니다. 보아스도 룻 같으면 자기가 끝까지 사랑할 수 있을 것 같았습니다. 그러나 생각지도 못한 암초가 중간에 나타나면서 자기가 고엘이 되겠다고 하니까 그 모든 기대가 다 끝장나고 말았습니다. 나오미나 룻이 그동안 기도하고 기다리고 노력한 것이 모두 소용없게 되었습니다. 아마 보아스도 마음을 비웠다고 하지만 은근히 마음속으로는 이 친척이 빠져주기를 바랐는지도 모릅니다. 그러나 이 사람은 자기가 기업 무를 자가 되겠다고 했을 때 이제 모든 것은 다 끝났고 열 명의 장로도 돌아가려고 옷을 털고 있었을 것입니다.

결국 이제 나오미나 룻의 모든 운명은 이 '아무개'라는 사람의 손에 달려 있게 되었습니다. 그런데 이 사람은 좋은 사람이 아니었습니다. 이 사람은 아주 이기적이었고 나오미를 이용해서 땅을 차지하려는 사람에 불과했습니다. 그러나 이 가까운 친척이 기업 무를 자가 되겠다고 했으니 보아스가 무슨 말을 하겠습니까? 이제 모든 것은 다 끝장나고 만 것입니다.

3. 하나님이 주신 지혜

가까운 친척이 자기가 기업 무를 자가 되겠다고 했지만 보아스는 무엇인가 석연치 않은 기분이 들었습니다. 바로 이 순간 하나님께서 보아스의 마음에 지혜를 주셨습니다. 만일 보아스가 순간적으로 이것을 생각하지 못했더라면, 나오미나 룻은 이 친척에게 실컷 이용만 당하고 버림받는 수밖에 없었습니다. 그래서 하나님께서 결정적인 순간에 보아스에게 '이 친척이 하는 말 중에 무엇인가 빠진 것이 있다. 이것을 확인해 보기 전에는 이 회의를 마쳐서는 안 된다'는 생각을 들게 하셨던 것입니다.

보아스에게 든 생각은 무엇입니까? 이 친척이 하려는 계획은 자기가 나이 든 할머니인 나오미와 결혼하려는 것이었습니다. 즉 할머니는 아이를 낳을 수 없으니까 이 친척이 사준 땅은 그대로 자기 것이 되는 것입니다. 그런데 엘리멜렉에게는 과부가 두 명이 있었습니다. 즉 나오미만 있는 것이 아니라 룻이라는 젊은 과부가 또 있었던 것입니다. 보아스는 이 가까운 친척이 룻을 생각하지 않고 있다는 사실을 깨달았던 것입니다. 그래서 보아스는 이 친척에게 이 사실을 확인해 보았습니다.

> 4:5, "보아스가 이르되 네가 나오미의 손에서 그 밭을 사는 날에 곧 죽은 자의 아내 모압 여인 룻에게서 사서 그 죽은 자의 기업을 그의 이름으로 세워야 할지니라 하니"

보아스는 이 가까운 친척에게 "네가 기업 무를 자가 되기 전에 알아야 할 것이 있는데, 네가 결혼할 대상은 할머니인 나오미가 아니라 젊은 과부 모압 여인 룻이라"고 분명히 말했습니다. 그래도 네가 결혼하겠느냐는 것입니다. 즉 엘리멜렉의 집에는 과부가 하나만 있는 것이 아니라 늙은 과부와 젊은 며느리 두 사람이 있는데, 네가 결혼해야 할 대상은 젊은 과부 룻이라고 말을 해주었던 것입니다.

이 가까운 친척은 모든 것을 자기에게 유리하게만 생각했습니다. 그래서 모압 여자 룻은 아예 친척이 될 자격이 없고 나오미만 친척인데 나오미는 아이를 낳을 수 없으니까 자기가 땅을 차지한다고 확신했던 것입니다. 그러나 보아스는 룻은 틀림없이 엘리멜렉의 큰아들 말론과 결혼한 사람이기 때문에 바로 이 여자가 네가 결혼할 상대라고 알려주었습니다. 이 한마디 말로 나오미와 룻의 운명은 완전히 바뀌게 되었습니다. 즉 그들의 마음은 방금 전에 지옥까지 내려갔다가 다시 천국으로 올라오게 되었습니다.

이 친척은 그 집에 과부가 한 명 더 있다는 말을 듣고 깜짝 놀랐습니다. 그는 나오미하고만 결혼하면 다 끝나는 줄 알았는데 모압 여자인 젊은 과부가 또 있다는 것입니다. 그런데 룻은 젊기 때문에 얼마든지 아이를 낳을 수 있고 룻이 낳은 아이는 이 친척의 아이가 되는 것이 아니라 말론의 아이가 되는 것이었습니다. 이 친척은 깜짝 놀랐습니다. 왜냐하면 이 젊은 과부와 결혼해주면 자기 재산이 느는 것은 고사하고 완전히 손해 보는 장사였기 때문입니다. 그렇게 되면 그 '아무개'는 엘리멜렉의 집과 땅을 도로 사서 아기의 명의로 주어야 하고, 이 아기는 자기 아들이 아니라 말론의 아들이 되는 것이었습니다. 이 사실을 알고는 이 가까운 친척은 펄쩍 뛰면서 조금 전에 자기가 한 말을 취소한다고 했습니다.

4:6, "그 기업 무를 자가 이르되 나는 내 기업에 손해가 있을까 하여 나를 위하여 무르지 못하노니 내가 무를 것을 네가 무르라 나는 무르지 못하겠노라 하는지라"

역시 이 가까운 친척은 모든 것을 돈으로 계산하는 사람이었습니다. 그는 나오미와 룻이 얼마나 신앙이 좋으며, 이들이야말로 하나님의 축복을 상속할 복덩어리이며, 이들이 바로 하나님 나라의 주인공이라는 것을 생각하지 않았습니다. 그는 룻이 모압 여인이지만 얼마나 시어머니 나오미를 사랑하며 하나님을 사랑하는지 생각하지 않았습니다. 이 친척은 오직 재산만 생각했던 것입니다. 그래서 젊은 과부가 또 있다면 이야기를 달라진다고 하면서 "나는 기업 무를 자가 되지 않겠다"고 하면서 보아스에게 "네가 기업 무르라"고 했습니다.

겉으로 보기에 나오미나 룻은 가난하고 재산이 하나도 없는 가난한 사람들이었습니다. 그러나 그들의 마음속에는 하나님의 말씀이 충

만하고 하나님의 축복이 가득했습니다. 그러나 이스라엘 사람이며 그들과 가까운 친척 중에도 이 복을 보지 못하는 자가 있었습니다. 그 '아무개'는 결국 엑스트라에 불과했습니다. 그는 손해 본다고 하니까 갑자기 자기가 한 말을 취소하면서 무대에서 빨리 내려가 버렸습니다.

결국 보아스는 참고 기다린 결과 룻과 결혼할 수 있게 되었습니다. 이제는 보아스나 룻의 앞길을 막는 암초가 하나도 없게 되었습니다. 하나님은 신실하신 하나님이십니다. 우리가 하나님을 믿고 기다리면 하나님은 우리를 괴롭히는 가시도 뽑아 주시고 앞에 놓여있는 암초도 없애주십니다. 이제 나오미와 룻과 보아스는 자신들이 믿었던 대로 하나님의 응답을 받게 되었습니다. 하나님은 결코 하나님을 의지하고 베들레헴으로 돌아왔던 나오미와 룻을 외면하지 아니하시고 그들의 미래를 축복해주셨습니다. 우리는 하나님의 축복을 받으려면 너무 돈에 연연해하거나 나이에 연연해서는 안 됩니다. 끝까지 하나님을 의지하고 결코 작은 것이라도 놓치지 말고 하나님의 약속을 다 챙기시기 바랍니다.

13

암초의 제거

룻4:6-12

중동 지방 에서 신발을 벗어서 던지는 것보다 더 큰 모욕은 없다고 합니다. 예전에 조지 부시 대통령이 이라크를 순방할 때였습니다. 그때 이라크의 한 기자가 자기 신발을 벗어서 미국 대통령에게 던졌습니다. 이것은 이라크를 공식 방문하고 있는 미국 대통령에게는 엄청난 모욕이었습니다. 아랍 사람들에게 신발을 벗어서 던진다는 것은 "너는 내 발바닥의 때보다 못하다"는 뜻이 들어있습니다. 그 기자는 외국 국가 원수를 모욕한 죄로 12개월의 징역을 살아야만 했습니다. 우리나라에서는 보통 싫어하는 장관이나 총리가 나오면 달걀을 던지곤 합니다. 옛날 어느 신문 기사에 총리가 어느 건물에서 나오는데 어떤 사람이 생달걀을 던지고 밀가루도 같이 던져서 그의 머리부터 얼굴 그리고 양복까지 완전히 달걀노른자, 흰자와 밀가루가 뒤섞여서 엉망이 된 모습을 본 적이 있습니다. 그런데 달걀도 썩은 달걀을 던진다면 그 냄새까지 지독할 것입니다. 이렇게까지 하는 이유는 나는 너를 이 정도로 싫어한다, 혹은 나는 이 정도로 너를 경멸한다는 의미가 들어 있습니다.

옛날 하나님께서는 처음 모세를 만나셨을 때 모세에게 "네가 선곳은 거룩한 땅이니 네 발에서 신을 벗으라"(출 3:5)고 말씀하셨습니다. 우리가 하나님을 만나는 곳은 거룩한 곳입니다. 거기서 우리는 신을 벗어야 합니다. 즉 우리는 하나님을 만날 때 구경꾼이 되거나 방관자가 되어서는 안 되고, 하나님 앞에서 철저하게 신을 벗고 무릎 꿇는 종이 되어야 합니다. 그래야 우리는 하나님의 손에 붙들릴 수 있고, 거기에 하나님의 능력이 나타나게 됩니다. 우리는 모두 하나님 앞에서 내 계획이나 생각이나 미래에 대한 염려를 다 내려놓으시기 바랍니다.

만약 우리가 밤에 산길을 운전해서 달리는데 큰 바위가 길을 막고 있다면 그 바위를 치우지 않는 이상 그 길을 통과할 수 없을 것입니다. 그런데 운전자가 미처 그 큰 바위를 보지 못하고 차가 그대로 달려서 큰 바위에 부딪히게 된다면 차는 다 부서져서 절벽으로 떨어지고 그 안에 탄 사람들은 모두 죽든지 아니면 중상을 입게 될 것입니다. 이처럼 우리가 인생길을 살아갈 때 여러 가지 암초에 부딪히는 경우가 있습니다. 우리가 그 암초를 비켜가거나 암초를 치우지 않는 이상 우리는 미래로 나아갈 수 없을 것입니다. 그 암초는 학력일 수 있고 돈일 수 있고 건강일 수 있고 사이가 나쁜 사람일 수도 있을 것입니다. 자영업 하시는 분들은 지난 몇 년 동안 계속되었던 '코로나19'가 큰 암초였을 것입니다.

나오미와 룻은 모압에서 남편들이 죽는 바람에 다 망했습니다. 그러나 그들은 기왕 망한 김에 하나님이나 잘 믿어보려고 이스라엘 땅에 돌아왔는데 그곳에는 그들이 먹고 살길이 없었습니다. 하지만 룻이 우연히 보아스의 밭에 보리 이삭을 주우러 가는 바람에 보아스를 알게 되었습니다. 나오미는 그 보아스가 룻의 기업 무를 자라고 하면서 룻에게 밤에 가서 직접 결혼해 주겠느냐고 물어보라고 했습니다. 그러나 보아스는 처음에 룻의 청혼을 거절했습니다. 왜냐하면 보아스보다 더 가까운 친척이 있었기 때문입니다. 그런데 그 가까운 친척은 자기가 기업 무를 자가 되겠다고 하는 바람에 룻이나 나오미의 미래는 아주 불안해지게 되었습니다. 보아스보다 더 가까운 친척은 전혀 믿을 수 없는 사람이었기 때문입니다. 이 사람은 룻의 미래에 암초와 같았습니다. 그러나 룻의 힘으로는 이 암초를 도저히 피하거나 치울 수 없었습니다.

1. 다시 불안해진 룻의 미래

물론 룻은 평안하게 잘 살려고 모압을 버리고 이스라엘 땅으로 온 것은 아니었습니다. 룻은 순수하게 신앙의 어머니 나오미를 섬기고 이스라엘의 하나님을 믿기 위해서 고향과 자기 민족과 자기 신을 버리고 베들레헴으로 시어머니를 따라왔던 것입니다. 그러나 막상 베들레헴에 와보니까 나오미의 집안은 가진 것이 없어도 너무 없었습니다. 시어머니 나오미는 집이나 땅도 없었고, 돈도 없었습니다. 때마침 그들이 돌아온 때는 보리를 추수할 때여서 룻은 시어머니에게 추수꾼들이 추수하다가 흘린 보리 이삭을 주워오겠다고 했습니다. 그러면 하루 먹을 양식이 나왔습니다. 그야말로 하루하루 살아가는 것이었습니다. 그러나 추수가 끝나면 나오미와 룻은 다시 대책 없이 굶주려야만 했습니다. 룻에게는 미래가 보이지 않았습니다.

그런데 한 가지를 포기하니까 답이 아주 가까운 데 있었습니다. 그것은 바로 보아스의 나이였습니다. 룻이 보아스에게 나이 많다는 약점을 포기하니까 보아스만한 기업 무를 자가 없었습니다. 그래서 룻은 정말 최선을 다해서 보아스에게 청혼했지만 중간이 끼어 있는 암초 때문에 보아스는 아무 소용없게 되었습니다.

지금까지는 나오미나 보아스 자신이 룻과 나이 차이가 크게 난다고 생각해서 아예 그 둘이 결혼하는 것을 생각조차 하지 않았습니다. 그러니까 룻이 재혼할 수 있는 사람은 온 세상에 없었습니다. 그러나 보아스의 나이를 포기하니까 길이 보이기 시작했습니다. 그래서 요즘 노인들은 "내 나이가 어때서?"라고 자신있게 말을 합니다.

요즘 구십대 중반인데 사회적으로 크게 활약하는 사람 중에 워런 버핏이라는 사람이 있습니다. 그는 투자자인데 구십대 중반이지만 무려 다섯 시간이나 회의를 할 수 있는 힘이 있다고 합니다. 가천대학 총장인 이길여 박사는 구십이 넘었는데 육십대처럼 보이고 아직도 열정적으로 일하고 있습니다. 요즘은 나이에 대해서는 옛날 같은 생각은 바꾸어야 할 것입니다.

룻은 나이를 뛰어넘어서 직접 보리밭에서 혼자 자고 있는 보아스를 찾아가서 자기와 결혼해 주겠느냐고 물어보았습니다. 이것은 바로 "당신의 옷깃으로 나를 덮으소서"라는 말이었습니다. 그러나 보아스는 자기 옷깃으로 룻을 덮을 수 없었습니다. 보아스와 룻 사이에는 더 가까운 친척이라는 암초가 있었기 때문입니다. 이 암초가 있는데도 불구하고 보아스가 그대로 직진하다가는 대형사고가 나거나 잘못하면 돌에 맞거나 아니면 베들레헴에서 추방될 수도 있었습니다.

그런데 더 기가 막힌 것은 보아스가 장로 열 명을 불러놓고 더 가까운 친척에게 "네가 기업 무를 자가 되겠느냐"고 물으니까 그렇게 하겠다고 대답했다는 것입니다. 그러니 이제 룻이나 나오미의 운명은 매우 불안해지게 되었습니다. 왜냐하면 자신들이 전혀 모르는 사람이 자기들의 인생을 책임지겠다고 나왔기 때문입니다. 이 가까운 친척은 이기적이고 돈밖에 모르는 악한 사람이었습니다. 이제 룻과 나오미의 사정은 보아스에게 청혼하기 전보다 훨씬 더 나빠지게 되었습니다. 이 가까운 친척은 룻을 이방인이라고 여겨 아예 사람 취급을 하지 않았고, 늙은 나오미와 형식적으로 결혼해서 기업의 재산만 차지하려고 했습니다. 이 사람은 룻과 나오미를 실컷 이용만 하고 발로 차버릴 사람이었습니다.

우리 예수 믿는 사람들에게 늘 염려가 되는 것이 있다면 그것은 바로 우리의 미래에 대한 걱정입니다. 즉 내가 직장에서 은퇴하고 나면 무엇을 먹고 살 것인가? 혹은 우리나라에 핵전쟁이 일어나지는 않을까? 혹시 암이나 치매가 오지는 않을까? 우리는 연약한 인간이므로 미래에 대한 염려로 늘 걱정하면서 살아가고 있습니다. 정기적인 수입도 없고 지금까지 하던 일을 그만두어야 하고 자녀는 장애를 가지고 있거나 직장도 없다면 미래가 얼마나 불안해지겠습니까?

우리는 미래의 불안 때문에 걱정을 합니다. 그러나 수입이 없는 두 과부의 미래는 얼마나 불안했겠습니까? 그런데 이때 하나님은 보아스에게 순간적인 발상의 힌트를 주셨습니다. 그것은 이 가까운 친척이 무엇을 잘못 알고 있는 것 같다는 생각이었습니다. 보아스는 룻의 문제에서 빠지려고 생각하고 있다가 순간적으로 이 가까운 친척이 무엇인가를 오해하고 있다는 생각이 들었습니다. 그것은 이 친척이 아예 룻은 이방인이니까 생각하지도 않고 늙은 나오미와 결혼하려고 한다는 것이었습니다. 그래서 이 친척은 나오미와 결혼하면 늙었으니 아이도 생기지 않고 자기는 나오미의 땅을 다 차지할 수 있을 것으로 생각했던 것입니다.

그래서 보아스는 다시 그에게 확인해 보았습니다. 즉 이 가까운 친척에게 "네가 기업 무를 자가 된다는 것은 젊은 과부 룻과 결혼해서 그 모든 땅과 재산을 물려준다는 뜻이다"라고 하니까 이 친척은 깜짝 놀라며 '아니 젊은 과부가 또 있냐'고 하면서 자기는 기업 무를 자가 되지 않겠다고 그 권리를 포기했습니다. 이 친척은 룻에 대한 하나님의 뜻에 암초였습니다. 이 암초가 있는 이상 룻은 행복할 수 없었습니다. 그러나 보아스가 분명한 하나님의 뜻을 전달하니까 이 암초는 자기 스스로 이 문제에서 빠지겠다고 포기선언을 했습니다. 그러나 기업 무를 자가 되거나 안되는 것은 아주 중요한 문제였기 때문에 분명한 증거가 있어야 했습니다.

2. 신발을 벗기운 자

이스라엘에는 아주 중요한 교환이나 거래를 하는 경우 다시는 이 일을 물리지 않는다는 뜻으로 신발을 벗어서 주는 일이 관례였습니다. 이것은 내가 다시는 딴 신발을 신지 않겠다는 뜻입니다. 즉 딴소리하지 않겠다는 뜻입니다.

> 4:7, "옛적 이스라엘 중에는 모든 것을 무르거나 교환하는 일을 확정하기 위하여 사람이 그의 신을 벗어 그의 이웃에게 주더니 이것이 이스라엘 중에 증명하는 전례가 된지라"

요즘도 집을 사거나 혹은 전세 계약을 하는 때 그것을 무르는 경우가 많이 있습니다. 그래서 처음 계약할 때 전체 거래액의 몇 퍼센트를 보증금으로 내게 하고 만약 계약을 취소하면 위약금을 물게 됩니다. 그래도 내가 이 집을 사는 것이나 전세 계약을 하는 것이 너무 큰 손해라고 생각되면 계약금을 날리더라도 취소할 것입니다.

이스라엘에서 가장 예민한 문제는 바로 과부가 가장 가까운 친척에게 재혼해 달라고 부탁해서 거절당하는 경우입니다. 이때 이 재혼을 거절하는 사람이 자기 신발을 벗어서 그 청혼한 과부에게 주게 되어 있는데, 그 과부는 그 친척의 얼굴에 침을 뱉고 그 신발을 가져가게 됩니다. 왜냐하면 이 사람은 친척으로서 먹고살 길이 없는 과부를 위해서 손해 볼 생각을 전혀 하지 않는 이기주의자이기 때문입니다.

그래서 나오미에게 가장 가까운 친척이었던 사람이 자기는 재산이 아까워서 나오미나 룻에게 일체 기업 무를 자가 되지 않겠다고 선언하고, 자기 신발을 벗어서 보아스에게 주었습니다. 이제는 더 이상 이 친척은 아무 소리도 할 수 없게 되었습니다.

이 사람은 자기 돈을 얼마나 아깝게 생각했던지 자기 스스로 신발을 벗어서 보아스에게 주면서 자기는 절대로 딴소리하지 않을 테니까 보아스 네 마음대로 하라고 했습니다. 이 사람은 신발을 벗음으로 나오미나 룻에 대한 모든 권리를 포기하였습니다. 결국 형식적인 혈통만 가지고 룻의 미래에 큰 암초가 되었던 이 친척은 스스로 물러가게 되었습니다. 우리는 이런 것을 보면 하나님께서 하시는 일이 참 신기하다고 생각 들 때가 많습니다.

우리나라에 6·25전쟁이 터졌을 때 유엔 안보이사회가 열렸습니다. 그때 북한의 침략을 규탄하고 유엔군을 파견하는 것에 대해 모든 나라는 소련이 거부권을 행사할 것으로 생각했습니다. 그런데 놀랍게도 소련은 일체 모든 권리를 포기해 버렸습니다. 왜냐하면 국제사회가 소련이 북한을 뒤에서 전쟁하도록 밀고 있다고 생각할까봐 두려웠기 때문입니다. 소련은 유엔에서 우리나라 문제에 대하여 신발을 벗어버렸던 것입니다. 그러니까 안보리는 가장 빠른 시간에 북한의 전쟁을 비난하고 유엔군을 파견하기로 결정했습니다. 그래서 가장 먼저 미국이 참전하고 그다음에 영국, 그 다음에 프랑스, 심지어는 태국과 에티오피아까지 참전해서 우리나라를 위해서 피를 흘렸던 것입니다.

얼마 전에 우리나라에서 청소년 잼보리 대회를 할 때 영국 청소년들이 가장 불만이 많았고 또 가장 먼저 철수 결정을 했습니다. 그러나 영국 팀의 가이드가 영국 청소년들을 6·25 때 영국군이 마지막 순간까지 싸웠던 전쟁터에 데리고 갔습니다. 거기에는 영국군의 무덤이 있었는데 그것을 본 영국 청소년들은 아주 심각했다고 합니다. 그들은 자기들의 조상이 이 땅을 위해서 마지막 순간까지 싸웠구나 하는 생각이 들었을 때 심각해지지 않을 수 없었습니다. 영국군이 6·25 때 전쟁하는 것을 보면 이해되지 않을 때가 있다고 했습니다. 즉 영국군은 폭탄이 떨어지고 기관총이 날아오는데도 티타임은 꼭 지킨다는 것입니다. 그래서 그들은 티타임이 되면 총알이 날아와도 비스킷이나 홍차를 꼭 마시지만 실제로 전쟁할 때는 절대로 물러서지 않고 싸운다고 합니다. 그래서 우리나라에서 싸울 때도 마지막 총알이 다 떨어질 때까지 싸우고 나머지는 포로가 되었다고 합니다.

우리나라는 바로 그런 나라입니다. 즉 소련의 스탈린이 신발을 벗은 나라인 것입니다. 우리는 모세처럼 하나님 앞에서 신발을 벗고 무릎을 꿇어야 합니다. 그러나 이 세상일에 대해서는 절대로 신발을 벗으면 안 됩니다. 전방에 가면 소위와 중위나 대위까지도 밤에 군화를 벗지 못하고 권총을 풀지 못합니다. 우리는 하나님의 일에 대해서는 완전한 휴식이라는 것이 있을 수 없습니다.

이제 이 엉터리 친척이 자기 신발을 벗음으로 룻의 미래는 안정되게 되었습니다. 앞에 암초가 놓였을 때는 이 암초에 부딪힐 것인지 아니면 돌아서 갈 것인지 물에 빠질 것인지 늘 불안했는데, 암초가 없어져 버렸을 때 미래에 대한 불안이 완전히 사라지게 되었습니다. 아마 교인 중에서도 직장의 상사가 얼마나 심한 가시 노릇을 하는지 견딜 수 없는 분이 있을 것입니다. 그때 그 사람을 위하여 기도하시기 바랍니다. 그러면 그 상사가 이민을 가든지 회사를 그만두든지 이상하게 한순간에 그 암초가 없어지게 됩니다.

사도 바울에게는 육체의 가시가 있었습니다. 그것은 그의 질병이었습니다. 사도 바울은 그 가시가 없어지도록 세 번 간절히 기도를 드렸습니다. 그러나 주님의 응답은 기도를 더 하지 말라는 것이었습니다. "너는 너무 하나님의 은혜를 많이 받았기 때문에 병까지 없어지면 교만해져서 죄짓게 된다"는 것이었습니다. 우리는 하나님의 말씀을 듣는 것이 그렇게 큰 은혜인 줄 모르는데, 예수님은 바울에게 '네 은혜가 족하다'고 말씀하셨습니다.

3. 승리의 선언

열 명의 장로들은 보아스와 그 가까운 친척이 하는 말을 가만히 듣고 있었습니다. 드디어 가까운 친척이 자기의 모든 권리를 포기하겠다고 선언하고 신발을 하나 벗고는 돌아갔습니다. 그때 보아스는 드디어 승리의 선언을 했습니다.

> 4:9-10, "보아스가 장로들과 모든 백성에게 이르되 내가 엘리멜렉과 기룐과 말론에게 있던 모든 것을 나오미의 손에서 산 일에 너희가 오늘 증인이 되었고 또 말론의 아내 모압 여인 룻을 사서 나의 아내로 맞이하고 그 죽은 자의 기업을 그의 이름으로 세워 그의 이름이 그의 형제 중과 그 곳 성문에서 끊어지지 아니하게 함에 너희가 오늘 증인이 되었느니라 하니"

보아스와 가까운 친척의 논쟁은 완전히 엎치락뒤치락할 정도로 치열한 것이었습니다. 이것은 나오미와 룻의 영원한 운명이 결정되는 논쟁이었습니다. 여기서 보아스는 철저하게 나오미와 룻을 위해서 변론했습니다. 이것이 바로 보혜사가 하는 일입니다. 우리는 때때로 하나님 앞에 섰을 때 마귀는 우리 과거의 죄를 들먹이면서 우리를 지옥으로 끌고 가야 한다고 억지를 부립니다. 그러나 마귀가 결코 이길 수 없는 것이 예수님의 두 손과 두 발에 난 못자국입니다. 예수님께서는 "내가 이 형제와 자매를 위하여 두 손과 두 발에 못이 박혔는데 너는 무슨 소리를 하고 있느냐?"고 마귀를 꾸짖으시면 마귀는 꼬리를 내리면서 신발을 벗고 물러나게 됩니다.

유다서를 보면 놀라운 장면이 나옵니다. 그것은 모세가 죽을 때 사탄이 모세의 시체를 끌고 가려는 것이었습니다. 옛날에 모세는 애굽의 못된 노예 감독관을 때려죽인 일이 있었습니다. 사탄은 모세는 살인자이기 때문에 자기가 그의 시체를 끌고 가야 한다고 주장했습니다. 그러나 미가엘 천사는 모세는 하나님의 집의 종이고 하나님의 아들의 피로 이미 죄 씻음을 받았다고 하면서 절대로 끌고 가지 못하게 했습니다.

예수님께서 십자가에 못 박혀서 지옥에 끌려갔을 때 사탄과 미가엘 천사 사이에 엄청난 논쟁이 있었습니다. 사탄은 예수도 사람이기 때문에 죄인이라고 주장했습니다. 미가엘 천사는 예수님이 죄인이면 죄를 한번 보여달라고 했습니다. 사탄은 3일 동안 예수님의 죄를 탈탈 털었지만, 예수님은 먼지만큼의 죄도 없었습니다. 그때 예수님은 사망의 세력을 부수시고 죄의 세력을 부수시고 무덤 문을 열고 다시 살아나셨습니다. 그때 예수님이 외치신 큰 소리가 무엇입니까? "나는 이겼다!"는 선언입니다. "세상에서는 너희가 환난을 당하나 담대하라 내가 세상을 이기었노라!" (요 16:33).

보아스는 드디어 큰 승리의 소리를 외쳤습니다. 이것은 마치 사자가 싸움에서 이긴 후에 울부짖는 소리 같았습니다. 그는 "나의 적은 모든 것을 포기했다. 이제 나는 나오미와 그의 아들들의 재산을 모두 다 사고 말론의 미망인 룻과 결혼해서 그 모든 재산과 이름을 그 아들에게 물려주겠다"라고 선언했습니다. 이 말을 듣고 성문에 있는 열 명의 장로들은 모두 기뻐했습니다. 그 당시 같은 세상에서도 모든 세상의 행복을 다 포기하고 하나님을 믿으려고 오는 룻 같은 여자도 없거니와, 룻과 나오미의 자손이 끊기지 않도록 자신의 재산을 처분해서 그들이 팔아버린 재산을 사주는 보아스 같은 사람도 없었던 것입니다. 이스라엘 중에 이렇게 하나님의 말씀에 순종하는 사람이 있는 한 이스라엘은 하나님의 축복을 받게 되어 있습니다.

4:11-12, "성문에 있는 모든 백성과 장로들이 이르되 우리가 증인이 되나니 여호와께서 네 집에 들어가는 여인으로 이스라엘의 집을 세운 라헬과 레아 두 사람과 같게 하시고 네가 에브랏에서 유력하고 베들레헴에서 유명하게 하시기를 원하며 여호와께서 이 젊은 여자로 말미암아 네게 상속자를 주사 네 집이 다말이 유다에게 낳아준 베레스의 집과 같게 하시기를 원하노라 하니라"

어느 순간이 성문에 모인 사람들은 장로 열 명만이 아니었습니다. 지나가던 백성들과 더 많은 장로가 모여들었습니다. 그들은 보아스가 외치는 승리의 소리를 듣고 기뻐했습니다. 그리고 우리가 모두 증인이다라고 하면서 네 집에 들어가는 이 여자가 라헬과 레아같이 되게 하시기를 원한다고 했습니다. 라헬과 레아는 이스라엘의 어머니였습니다. 룻은 더 이상 이방인이 아니고 이스라엘의 어머니가 되었습니다. 그리고 이스라엘 장로들은 이 젊은 여자가 유다의 며느리 다말 같이 되기를 바란다고 했습니다. 유다의 며느리 다말은 이방인이었지만 이스라엘 백성이 되기 위해서 기다리고 기다리다가 안 되니까 창녀의 옷을 입고 시아버지와 관계해서 쌍둥이를 낳음으로 이스라엘의 복을 받고야 말았습니다. 하나님의 축복을 받는 데는 인정사정이 없습니다. 이스라엘 장로들은 룻이 아브라함의 복을 상속하는 여인이 되기를 바란다고 축복했습니다. 우리도 세상의 복으로 만족할 것이 아니라 아브라함의 복을 상속하는 복된 사람들이 다 되시기 바랍니다.

14

해피엔딩

롯 4:13-22

예전에 늘 가고 싶은 곳이 두 군데 있었습니다. 한 곳은 비극적인 데 있었고, 다른 한 곳은 로맨틱한 곳이었습니다. 비극적인 곳은 진주의 촉석루입니다. 그 바로 밑에는 임진왜란 때 기생 논개가 적장을 끌어안고 남강으로 뛰어내렸던 의암이라는 곳이 있습니다. 거기서 남강대교를 보면 다리 난간에 열 개의 금반지 모양의 설치물이 있는 것을 볼 수 있습니다.

또 한 곳은 남원의 광한루입니다. 그곳은 우리가 잘 아는 《춘향전》의 배경이 되는 곳입니다. 광한루에 가서 그네를 타고 있으면 어느 한구석에서 춘향이나 이도령의 소리가 들릴 것 같습니다. 《춘향전》은 기생의 딸이던 춘향이와 양반 자제였던 이도령이 그 당시로서는 금지된 사랑을 했을 뿐만 아니라 이도령이 과거시험 보러 간 사이에 악한 원님 변사또가 와서 춘향이에게 수청을 들라고 하고 말을 듣지 않으니까 곤장을 때리고 감옥에 가두지만, 이도령이 과거에 급제해서 어사가 되어 그곳에 내려오는 바람에 소설은 해피엔딩으로 끝나게 됩니다.

또 다른 해피엔딩 이야기가 있습니다. 그것은 전 세계 어린이가 사랑하는 《신데렐라》입니다. 신데렐라는 친모가 죽고 계모 밑에서 학대받으면서 하녀 같이 일을 합니다. 계모는 신데렐라를 미워하고 자기가 낳은 딸만 좋아합니다. 그런데 어느 날 그 나라 왕자가 결혼하려고 전국의 모든 여성을 다 모아놓고 댄스파티를 하면서 왕비감을 고르려고 합니다. 그런데 아무리 살펴보아도 마음에 드는 여자가 없었습니다. 그러다가 갑자기 한 처녀가 나타나는데, 이 처녀야말로 천사와 같이 아름다운 모습이었습니다. 왕자는 이 여성에게 마음이 완전히 빼앗겨서 이 처녀하고만 춤을 춥니다. 이 여자는 신데렐라였습니다. 그러나 신데렐라는 밤 12시 전에 집에 가지 않으면 원래 하녀 같은 모습으로 돌아가게 되어 있었습니다. 이튿날 신데렐라는 왕자와 너무 행복하게 춤을 추는 바람에 시간 가는 줄 몰랐습니다. 정신없이 춤을 추다 보니까 이미 시계는 12시를 알리기 시작했습니다. 신데렐라는 놀라서 왕자를 뿌리치고 달아나는데, 신고 있던 유리구두 한쪽이 벗겨지게 되었습니다. 그리고 신데렐라가 계단을 내려갈 때 벌써 하녀의 모습으로 변해있어서 아무도 그녀를 알아보지 못했습니다.

왕자는 너무나도 아름다운 여성을 놓쳐서 아쉬웠지만 낙심하지 않고 전국을 돌면서 처녀들에게 신데렐라가 남기고 간 유리구두를 신겨보았습니다. 그런데 유리구두가 맞는 여자는 단 한 명도 없었습니다. 드디어 왕자는 신데렐라의 집까지 찾아왔습니다. 신데렐라의 계모의 딸들은 그 유리구두를 신어보려고 엄청나게 애를 썼지만 발이 구두에서 삐져나와 절대로 신겨지지 않았습니다. 왕자와 군인들은 신데렐라도 있는 것을 보고 구두를 신겨보려고 하니까 계모는 하녀이기 때문에 신길 필요가 없다고 했습니다. 그래도 왕자와 신하들은 모든 처녀에게 다 신겨보는 것이 왕의 뜻이라고 해서 신데렐라에게 신기니까 그 구두가 감쪽같이 딱 맞았습니다. 그리고 신데렐라는 다시 아름다운 모습으로 변하고 왕자님과 결혼을 하게 됩니다. 전 세계의 여자 어린아이들은 매일 밤 자기 전에 신데렐라 이야기를 하루에 한 번씩 읽고 자는데 만일 이 구두가 계모 딸에게 맞았더라면 전 세계의 여자 어린아이들이 엄마에게 이런 법이 어디 있느냐고 화를 내며 달려들 것입니다. 그러나 동화에 나오는 해피엔딩은 하나의 꿈이고 소원입니다.

그러나 하나님은 실제로 우리의 삶을 해피엔딩으로 만드시는 분입니다. 그래서 우리는 하나님의 드라마의 주인공일 뿐만 아니라 우리의 인생은 거의 대개 해피엔딩입니다.

닭이나 양이나 말을 많이 키우는 주인은 그 짐승의 특성을 잘 알고 있습니다. 어떤 닭은 성격이 고약해서 주위에 있는 닭들을 쪼아서 피를 흘리게 만들기도 하고, 간혹 주인이 모이 줄 때에도 뒤에서 갑자기 공격해서 놀라게 하는 닭도 있을 것입니다. 그리고 어떤 말은 지금은 비록 잘 달리지 못하지만, 훈련을 잘 시키면 명마가 될 말도 있을 것입니다. 그래서 싸움질을 잘하는 닭은 어느 날 갑자기 붙들려서 그날 주인의 닭백숙으로 상에 오르게 될지도 모릅니다. 반대로 명마가 될 가능성이 있는 말은 경주마로 훈련받게 될 수도 있을 것입니다.

마찬가지로 이 세상에 수많은 사람이 있지만, 하나님은 우리 한 사람 한 사람을 알고 계시므로 우리에게 맞는 아름다운 삶으로 인도하실 것입니다.

1. 하나님의 위대한 계획

이 세상에는 수많은 사람이 있습니다. 그러나 우리는 같은 학교를 다니고 같은 아파트에 살아도 잘 모르는 사람들이 많습니다. 같은 학교를 다녔지만 같은 과가 아니면 같은 동창생인지 모르는 경우도 많고, 또 같은 아파트에 살아도 서로 동이 다르고 출입구와 층이 다르면 생전 만날 일이 없기 때문에 서로 모르는 경우도 많습니다. 그러나 하나님께서는 이 세상의 수많은 사람을 모두 다 알고 계십니다. 그리고 하나님은 그 많은 사람 가운데서 나를 알고 계십니다. 그래서 나 한 사람을 위하여 위대한 계획을 세우셔서 나의 삶을 이끌어 가실 때가 있습니다.

모압에 룻이라는 여자가 살고 있다는 사실은 아무도 몰랐습니다. 아마 그 당시 룻에 대하여 관심을 가지고 있는 사람조차 없었을 것입니다. 더욱이 룻의 마음속에 하나님을 믿고 싶은 갈망이 있다는 것조차 그 누구도 알지 못했습니다. 그러나 하나님은 룻을 알고 계셨고, 룻을 구원하시기 위하여 어마어마한 계획을 세우셨습니다. 그 계획이 무엇입니까? 하나님께서 엘리멜렉이라는 이스라엘 사람이 사는 베들레헴에 흉년을 주셨고, 그렇지 않아도 세상으로 나가고 싶어했던 엘리멜렉은 흉년을 핑계로 해서 모압으로 이민을 가게 하신 것이었습니다. 엘레멜렉은 모든 것을 자기 혼자 결정하는 줄 알았지만 실제로 계획하시는 분은 하나님이셨고, 엘리멜렉은 하나님의 손에 붙잡힌 꼭두각시에 불과했습니다.

엘리멜렉은 두 아들이 모압 여인과 결혼해서 안정되게 살기를 바랐습니다. 큰아들 말론과 결혼한 여자가 바로 룻이었습니다. 그러나 모압 땅에 아마도 전염병이 돈 것 같고 처음에는 엘리멜렉이 병에 걸려 죽었고, 10년 뒤에는 두 아들 말론과 기룐도 죽었습니다. 그래서 그 땅에 남겨진 룻의 시어머니와 두 며느리는 너무나도 불행하고 미래의 소망이 없는 사람이 되었습니다. 그리고 그때까지만 해도 하나님의 위대한 계획을 아는 사람이 아무도 없었습니다. 단지 큰 며느리 룻은 시어머니가 하는 성경 이야기를 그렇게 좋아할 수 없었습니다.

룻의 시어머니 나오미가 고향인 이스라엘에 돌아가기로 결심함에 따라 두 며느리의 길은 갈라지게 되었습니다. 작은 며느리 오르바는 자신의 행복을 위해서 모압에 남아서 재혼하기로 결정했습니다. 그러나 큰 며느리 룻은 하나님의 말씀이 너무 좋아서 시어머니와 떨어지지 않고 이스라엘로 함께 오게 되었습니다. 그러나 어렵게 돌아온 이스라엘 땅 베들레헴에는 나오미나 룻이 먹고 살 수 있는 환경이 안 되어서 엄청나게 고생을 합니다.

그렇게 시간이 흐른 후에 룻은 나이는 들었지만 믿음이 좋은 보아스에게 재혼하려고 했는데, 중간에 더 가까운 친척이 있어서 이 청혼이 실패하는 것 같았습니다. 그러나 보아스의 한마디 말로 이 중간에 끼어든 엑스트라의 정체가 드러나고 맙니다. 즉 보아스는 그 가까운 친척에게 "네가 결혼할 사람은 늙은 나오미가 아니라 그의 며느리 젊은 여자 룻이다"라고 했을 때, 이 가까운 친족은 이런 결혼을 했다가는 완전히 망하는 장사였기 때문에 자기는 기업 무를 자가 되지 않겠다고 하면서 신발을 벗고 도망쳐버립니다.

이제 드디어 보아스는 승리의 함성을 지릅니다. 즉 "이제 나는 나오미와 룻의 기업 무를 자가 될 것이며 말론의 아내였던 과부 룻과 결혼해서 그 후손에게 그 이름과 재산을 물려주겠다"고 선언합니다. 이것은 드디어 룻이 이스라엘에 와서 합법적인 재혼을 하게 되었고, 아들을 낳기만 하면 이스라엘 시민권과 엘리멜렉의 모든 땅과 재산을 다 차지할 수 있게 될 것이라는 선언이었습니다. 이것은 완전한 해피엔딩입니다. 만일 룻이 모르는 가까운 친척과 재혼해서 온갖 구박과 천대를 받는다면 이것은 결코 하나님의 위대한 계획이 될 수 없습니다.

하나님은 그 수많은 이방인 중에서 룻을 알고 계셨습니다. 그리고 그녀가 이상하게 이스라엘 남자와 결혼하게 하셨는데 참 비극적이게도 룻의 남편은 아이도 낳지 못하고 죽어버리고, 룻은 과부가 되어버렸습니다. 여기까지만 보면 룻은 지지리도 운이 없는 여자이고, 이 세상에서 가장 불쌍한 여자인 것 같습니다. 그러나 이 모든 불행은 하나님의 위대한 계획이 이루어지는 과정이었습니다.

하나님은 룻을 하나님의 축복으로 인도하시기 위해서 베들레헴에 흉년이 일어나게 하셨고, 엘리멜렉이 모압으로 이민을 가게 하셨고, 룻의 남편이 죽어 과부가 되게 하셨고, 베들레헴에 돌아와서는 가장 가난한 사람이 되어서 땅에 떨어진 보리 이삭을 줍는 여인이 되었지만, 이 모든 것은 룻을 하나님의 축복으로 인도하시는 과정이었습니다. 그래서 우리는 과거를 후회할 필요가 없습니다. 그리고 지금까지 이루어진 것은 하나님이 나를 인도하신 계획의 결과입니다. 이것은 우리의 실수나 책임이 아닙니다.

2. 틀림없으신 하나님

우리가 우주선을 발사하는 것이나 미사일을 쏘는 광경을 보면 1초도 틀리지 않고 정확하게 발사하는 것을 보게 됩니다. 왜냐하면 조금만 시간이 늦거나 빨라도 위치가 달라질 수 있기 때문입니다. 이와 마찬가지로 하나님께서 하시는 일은 일분일초도 틀림없이 정확하게 하십니다. 그래서 하나님이 하시는 일은 확실합니다. 우리는 하나님의 일을 하면서도 혹시 실패하지 않을까 걱정하고 염려할 때가 많이 있습니다.

예를 들어서 하나님께서는 여호수아가 요단강을 건널 때 뗏목이나 다리나 건너갈 아무것도 준비하라고 말씀하시지 않았습니다. 요단강은 건너가야 하는데 건널 수 있는 아무것도 없다면 어떻게 합니까? 이스라엘 백성 중에서 헤엄치지 못하는 사람들은 모두 강에 빠져 죽는 것이 아닐까요? 이스라엘 백성은 여호수아의 지시대로 제사장들이 언약궤를 매고 요단강에 발을 담갔을 때 강물은 상류 쪽에서 끊어져 쌓이기 시작했습니다. 여호수아와 이스라엘 백성은 요단강을 건너는 것을 염려할 필요가 없었습니다. 그리고 제사장의 발이 건너편 땅에 딱 닿자마자 물 댐은 허물어지면서 요단강이 정상적으로 흐르기 시작했습니다. 또 이스라엘 백성이 여리고를 공격할 때도 그들은 여리고 성을 허물기 위해서 사다리라든지 혹은 큰 돌을 발사하는 기계를 준비할 필요가 없었습니다. 이스라엘 백성이 여리고 성을 하루에 한 번 돌고 마지막 날에 일곱 번 돌고 함성을 지르니까 그 성벽은 저절로 무너져버렸습니다.

그러나 사람들은 하나님의 말씀을 믿으면서도 다른 한편으로는 혹시나 안되면 어떻게 하나 걱정을 합니다. 그리고 안되는 경우를 대비해서 무엇인가 계획을 세워놓으려고 합니다. 이것은 우리 인간의 어쩔 수 없는 연약함 때문입니다. 이처럼 우리는 항상 하나님을 믿으면서도 다른 한편으로는 염려하고 걱정을 합니다.

보아스와 룻도 마찬가지입니다. 룻이 하나님의 축복을 차지하려면 결혼한 것만으로는 되지 않습니다. 룻이 반드시 아들을 낳아야 이것이 가능했습니다. 그런데 혹시 룻이 사라처럼 아이를 낳지 못하면 어떻게 됩니까? 또 혹시 룻이 아이를 낳기는 낳았는데 딸이면 소용이 없는 것입니다. 그러나 하나님께서 하시는 일은 틀림없었습니다.

4:13, "이에 보아스가 룻을 맞이하여 아내로 삼고 그에게 들어갔더니 여호와께서 그에게 임신하게 하시므로 그가 아들을 낳은지라"

하나님은 룻으로 임신하여 아들을 낳게 하셨습니다. 룻은 이스라엘 시민권을 얻고 룻의 아들은 엘리멜렉의 재산을 상속하게 되었습니다. 룻의 아들이 재산을 상속한다고 했지만 그 아이는 어리기 때문에 결국은 나오미와 룻이 재산을 가지게 된 것입니다. 이제 나오미와 룻은 하루 보리 이삭을 주워서 하루 사는 비참한 생활에서 벗어나서 당당한 기업의 주인이 되었습니다. 그들의 생활은 안정되게 되었습니다.

롯이 드디어 보아스와 결혼하고 아들을 낳아서 나오미와 롯이 재산을 가지게 된 것을 보고, 베들레헴 여자들은 하나님을 찬송했습니다.

4:14, "여인들이 나오미에게 이르되 찬송할지로다 여호와께서 오늘 네게 기업 무를 자가 없게 하지 아니하셨도다 이 아이의 이름이 이스라엘 중에 유명하게 되기를 원하노라"

이 말을 들어보면 아무도 기업 무를 자가 되어주지 않는 과부들이 많았던 것을 알 수 있습니다. 왜냐하면 기업 무르는 친척에게는 재산적으로 엄청난 손해를 보기 때문입니다. 그러나 보아스는 여리고의 기생 라합의 아들이었습니다. 그는 여인들이 하나님 말씀의 은혜를 받으면 생명도 아끼지 않는다는 것을 잘 알고 있었습니다. 그래서 보아스의 믿음은 이미 재산 손해 보는 것 같은 생각은 이미 극복한 사람이었습니다. 보아스는 하나님을 믿고자 하는 사람을 위해서는 어떤 금전적인 희생도 아까워하지 않는 사람이었습니다.

3. 대를 잇는 믿음의 족보

그런데 놀라운 것은 롯의 아들의 족보를 보면 당연히 "엘리멜렉이 말론을 낳았고 말론이 오벳을 낳았더라"고 해야 맞습니다. 그런데 롯의 아들은 엘리멜렉의 족보를 이어받는 것이 아니라 보아스의 족보를 물려받았던 것입니다. 그래서 20, 21절을 보면 "암미나답은 나손을 낳았고 나손은 살몬을 낳았고 살몬은 보아스를 낳았고 보아스는 오벳을 낳았고"라고 했습니다.

여기서 보아스를 낳은 살몬이 바로 여리고의 기생 라합과 결혼한 사람이었습니다. 이것을 보면 살몬은 여호수아 때 여리고 성을 정탐했던 두 사람 중의 하나일 가능성이 큽니다. 왜냐하면 살몬은 라합이 자기 목숨을 걸고 자기들의 생명을 지켜주었으므로 자기들도 생명을 걸고 라합과 그 식구들의 생명을 지켜주겠다고 약속했기 때문입니다. 그래서 살몬이 라합을 지켜주기 위해서 자꾸 찾아가다 보니까 라합이 얼마나 귀한 믿음의 사람인지 알게 되었고 그래서 결혼했을 수도 있습니다.

이 당시에도 예전에 우리나라 같이 아들 선호사상이 아주 높았던 것 같습니다. 그러나 나오미에게는 아들은 빨리 죽어버려서 전혀 도움이 되지 않았고, 믿음을 가진 며느리가 아들 열 명보다 더 나은 사람이었던 것입니다.

> 4:15, "이는 네 생명의 회복자이며 네 노년의 봉양자라 곧 너를 사랑하
> 며 일곱 아들보다 귀한 네 며느리가 낳은 자로다 하니라"

여기 "네 생명의 회복자이며 네 노년의 봉양자"라고 한 것은 룻이 낳은 아기를 말합니다. 나오미는 그야말로 꺼져가는 심지와 같이 생명이 꺼져가고 있었습니다. 그러나 아기가 나오미의 생명을 다시 환하게 밝혀주었습니다. 나오미는 늙었을 때 먹고사는 것이 걱정되었습니다. 그러나 룻이 아들을 하나 낳아버리니까 노년의 걱정거리가 사라져 버렸습니다. 그래서 베들레헴 여자들은 믿음을 가진 며느리가 일곱 아들보다 낫다고 했습니다. 아마 그때도 자식들이 늙은 부모를 모르는 체하면서 공양하지 않는 사람이 많았던 것 같은데, 룻은 그런 아들 열 명, 스무 명보다 더 가치 있는 며느리였던 것입니다. 어떤 집에는 아들은 별로 경제 능력이 없는데 딸이 엄마를 더 챙기고 특히 나이 들었을 때 끝까지 보살피는 딸들이 있습니다. 그때 사람들은 저 집 딸은 열 아들보다 낫다는 말을 합니다.

이제는 아들, 딸 구별할 필요도 없고, 딸이냐 며느리냐 하는 것도 구별할 필요가 없습니다. 결국 중요한 것은 마음입니다. 마음만 있으면 며느리가 아들이나 딸보다 낫고, 사위가 열 아들보다 나은 경우도 많이 있습니다. 아들은 이 핑계 저 핑계 대면서 부모의 돈만 뜯어 가려고 하는데 오히려 사위나 며느리는 끝까지 시부모나 장인 장모를 돌보는 이들도 있습니다. 그래서 아들이 없는 부모님은 우리 딸은 열 아들보다 낫다고 생각하시기 바랍니다. 얼마 전까지만 해도 딸만 낳으면 대가 끊어진다고 걱정했는데 지금 대가 끊어지는 것이 뭐가 대단합니까? 믿음의 대가 더 중요한 것입니다.

4:16, "나오미가 아기를 받아 품에 품고 그의 양육자가 되니"

나오미는 룻이 낳은 아기를 자기가 키웠습니다. 그러니까 사람들은 나오미가 아들을 낳았다고 말했습니다. 왜냐하면 나오미가 이 아기를 늘 업어주고 늘 기저귀를 갈아주고 먹을 것을 떠먹여 주니까 나오미의 아기 같았기 때문입니다. 가끔 어느 집에서는 할머니가 아이들을 다 키워주니까 자기 엄마보다 할머니를 더 좋아하는 아이들이 있습니다. 할머니가 죽으려고 해도 "할머니, 내가 초등학교 입학하는 것을 보고 죽으셔야지요."라고 애원하니까 못 죽는 것입니다. 초등학교 졸업할 때 죽으려고 하니까 손녀가 "할머니, 내가 중학교 교복 입은 것 보시고 죽으셔야지요."라고 해서 못 죽습니다. 나중에는 "할머니, 내가 결혼하는 것을 보고 죽으셔야지요."라고 하니까 "그래, 네가 결혼하는 것이나 보고 죽자."고 하면서 구십을 넘긴 할머니가 계셨습니다.

4:17, "그의 이웃 여인들이 그에게 이름을 지어 주되 나오미에게 아들이 태어났다 하여 그의 이름을 오벳이라 하였는데 그는 다윗의 아버지

인 이새의 아버지였더라"

할머니 손에서 자란 아이들도 큰 복입니다. 왜냐하면 어른을 알아본다는 것은 축복이 있는 첫 계명이기 때문입니다. 나오미는 이 아이의 이름을 '오벳'이라고 지었는데 '오벳'은 '섬긴다'는 뜻을 가지고 있습니다. 그래서 모세의 별명이 하나님의 종 모세인데, 이것이 히브리 말로 '여호와 에베드 모세'인 것입니다. 즉 나오미는 이 아이가 모세 같은 사람이 되기를 원했던 것입니다. 그런데 놀라운 것은 보아스에게 다른 아들이 없었던 것 같습니다. 그래서 오벳은 엘리멜렉의 유산과 보아스의 유산을 다 차지하는 부자가 됩니다. 아마 오벳은 틀림없이 믿음이 좋았을 것입니다. 그가 낳은 아들이 이새고, 이새가 낳은 아들이 다윗 왕이었습니다. 그러니까 아마도 다윗 왕은 할아버지 오벳을 잘 알았고 증조할머니 룻이나 증조할머니의 어머니 나오미의 이야기를 귀가 따갑도록 들었을 것입니다. 결국 다윗은 이 위대한 할머니들의 신앙의 열매로 태어나게 된 인물이었던 것입니다. 그러면서 룻기의 마지막에는 베레스로부터 다윗으로 이어지는 족보가 나옵니다.

하나님이 하시는 일은 틀림없습니다. 우리는 나의 형편과 처지를 의심하지 말고 하나님의 큰 계획을 믿으시기 바랍니다. 우리의 인생은 아름답고 행복하게 될 것입니다.